DB Geld + Finanzen - Finanzglossar von A – Z

AF200808

Group Mediawire (EU) (Herausgeber)

Beachten Sie unsere anderen Fachpublikationen auf unserer Homepage www.realbusiness.club **oder in jeden guten Buchhamdel.**

DB Geld + Finanzen - Finanzglossar von A – Z

Das Magisches Dreieck der Finanzplanung - von 1,5 auf 14%

Group Mediawire (EU) (Herausgeber)

Impressum

Bibliografische Information der Deutschen Nationalbibliothek:
Die Deutsche Nationalbibliothek verzeichnet diese Publikation in
der Deutschen Nationalbibliografie; detaillierte bibliografische
Daten sind im Internet über http://dnb.dnb.de abrufbar.

© 2019 Heinz Duthel

Herausgeber: Group Mediawire (EU) (Herausgeber)
Korrektorat: realbusiness.club

Herstellung und Verlag: BoD – Books on Demand, Norderstedt
ISBN: 9783749407811

Inhalt:

Deckungssumme

Depotauszug

Deutscher Rentenindex

Devisenkurs

Discountzertifikat

Diversifikation

Dividende

Dow Jones Euro Stoxx 50

Dow Jones Industrial Average

Dow Jones Stoxx 50

Dow Jones Stoxx 600

Einlagensicherung

Emerging Markets

Emittent

ETC

ETF

Euro Stoxx 50

Fälligkeit

Festgeld

Fonds

Fondsgebundene Lebens- oder Rentenversicherung

Fondssparplan

Garantie

Garantiezertifikat

Geldkurs

Gesamtkostenquote

Geschlossene Fonds

Girosammelverwahrung

Goldfonds

Hedgefonds

High-Yield-Anleihe

Immobilie

Index

Inflation

Investmentfonds

ISIN

Junk Bonds

Kapitalerhalt

Kapitalschutzzertifikat

Kapitalverzehr

Kredit

Künstliche Replikation

Kupon

Lebensversicherung

Rohstofffonds

Schwellenland

Sofort beginnende Rentenversicherung

Sofortrente

Sparbrief

Sparplan

Stoxx 50

Stoxx 600

Swap

Synthetische Replikation

Tagesgeldkonto

Thesaurierung

Total Expense Ratio (TER)

Tracking Error

Umkehrhypothek

Unternehmensanleihe

Verwahrart

Verwaltungsgebühr

Volle Replikation

Währung

Wechselkurs

Wertpapier

Wertpapieridentifikationsnummer (ISIN)

Wertpapierkennnummer (WKN)

Wirtschaftssystem

Xetra

Zertifikat

Zins

1.0. DB GELD + FINANZEN - FINANZGLOSSAR VON A - Z

KAPITALMARKT GELDANLAGE. DAS MAGISCHES DREIECK DER FINANZPLANUNG

Geld anlegen, sparen oder andere Möglichkeiten für die Finanzierung. Rendite - es zählt, was unterm Strich rauskommt Was tun, wenn die Zinsen gegen Null gehen? Wenn Banken und Finanzberater eher auf ihren eigenen Vorteil als auf das Wohl ihrer Kunden bedacht sind?

Vorsicht bei Geldanlage-Angeboten über Soziale Medien!
Dieses A - Z soll helfen, Ihnen Fachbegriffe aus der Welt der Finanzmarktes verständlich zu machen - mit kurzen und nachvollziehbaren Erklärungen.

Glossar

Alpha

Dies ist eine Kennzahl für die risikobereinigte Performance unter Berücksichtigung des wertpapierspezifischen Risikos (im Gegensatz zum allgemeinen Marktrisiko). Ein positives Alpha bedeutet, dass das Wertpapier oder die Strategie besser abgeschnitten hat als angesichts seiner bzw. ihrer Volatilität erwartet.

Arbitrage

Der gleichzeitige Kauf und Verkauf von Finanzinstrumenten, um von einer Preisdifferenz zu profitieren. Bei dieser Art von Transaktionen werden Preisunterschiede zwischen identischen oder ähnlichen Finanzinstrumenten an verschiedenen Märkten oder in verschiedenen Formen ausgenutzt. Arbitrage ist aufgrund von Marktineffizienzen möglich; dieser Mechanismus sorgt dafür, dass Preise nicht über längere Zeit erheblich vom fairen Wert abweichen.

Asset Allocation

Anlagestrategie, die darauf abzielt, Risiko und Ertrag durch Aufteilung des Vermögens eines Portfolios entsprechend den individuellen Zielen, der Risikotoleranz und des Anlagehorizonts zu optimieren.

Auflegungseinheit

Mindestanzahl von Fondsanteilen die von einem ETF ausgegeben werden und gegen einen korrespondierenden Korb von Finanzinstrumenten mit einem autorisierten Beteiligten ausgetauscht werden. Wenn autorisierte Beteiligte neue ETF-Anteile ausgeben, um z. B. die Kundennachfrage zu erfüllen, Marktineffizienzen durch Arbitrage auszunutzen oder bestehende Positionen abzusichern, erfolgt dies in Auflegungseinheiten. Eine Auflegungseinheit kann 10.000 bis 200.000 ETF-Anteile umfassen und wird zum Nettoinventarwert eines Fonds aufgelegt, so dass sie dazu beiträgt, den Marktpreis eines ETFs im Bereich seines Nettoinventarwerts zu halten.

Autorisierter Beteiligter

Ein von einem ETF-Anbieter gewählter Marktteilnehmer, der die Ausgabe und Rücknahme der Fondsanteile steuert und die notwendigen zugrunde liegenden Anlagen zur Investition beschafft.

Basispunkt

Allgemeine Bezeichnung für ein Hundertstel eines Prozents (1 BP = 0,01 %). Findet Verwendung bei der Bezeichnung von Unterschieden in Renditen, Preisen, Kursen und dergleichen.

Benchmark

Ein Vergleichsmaßstab, mit dem die Wertentwicklung eines Wertpapieres, Fonds oder Anlageverwalters verglichen werden kann. Im Allgemeinen werden dazu Aktien- und Anleihenindizes herangezogen, die einen gesamten Markt oder ein Marktsegment abdecken. Durch die Nachbildung eines Referenzindexes kann ein Fonds einem Anleger die Rendite eines Marktes anstatt der eines bestimmten Unternehmens oder Aktienwertes bieten.

Bestand

Die gesamten veräußerbaren Anlagen eines Fonds. Dies umfasst sämtliche Aktien, Barmittel und sonstigen Finanzinstrumente.

Beta

Dies ist ein Maß für die Volatilität oder das systematische Risiko eines Wertpapieres oder Portfolios im Vergleich zum gesamten Markt. Das Beta wird beim Capital Asset Pricing Model (CAPM), einem Modell zur Berechnung der voraussichtlichen Rendite einer Anlage auf der Grundlage ihres Beta und ihrer voraussichtlichen Marktrenditen, verwendet. Passive Produkte wie SPDRs zielen auf ein Beta von annähernd 1 ab, d. h. sie sollen so wenig wie möglich von ihren zugrunde liegenden Indexrenditen abweichen.

Briefkurs

Der Preis, zu dem ein Verkäufer bereit ist, ein bestimmtes Wertpapier zu verkaufen. Der Briefkurs eines Brokers ist normalerweise sein aktuellstes niedrigstes Angebot.

Core-Satellite-Ansatz

Dieser Begriff bezeichnet die Art und Weise, wie Anleger ihre Anlagen verteilen oder wie ein Produktanbieter sein Produktangebot strukturiert. Der Begriff „Core" bezeichnet die üblicheren Produkte, während „Satellite" sich auf exotischere

Strategien bezieht. Anleger können entscheiden, welchen Anteil ihres Kapitals sie auf die beiden Ansätze verwenden. Der Anbieter muss dafür sorgen, dass eine ausgeglichene Produktpalette angeboten wird und dass sein Satellitenangebot attraktiv ist.

Dividendenrendite
Die jährliche Dividende je Anteil geteilt durch den Preis je Anteil, ausgedrückt als Prozentsatz.

ETF
Die Abkürzung ETF steht für Exchange Traded Fund, d. h. börsengehandelter Fonds. Hierbei handelt es sich um Finanzinstrumente, die die Entwicklung eines breiten oder spezifischen Marktsegments (z. B. US-amerikanische Aktien, Aktien von Unternehmen mit geringer Marktkapitalisierung oder Aktien aus Schwellenländern) nachbilden und deren Wertenwicklung widerspiegeln sollen. Ein ETF ist einem Indexfonds ähnlich. Dieser wird jedoch wie eine Aktie den ganzen Tag über gehandelt. ETFs verbinden die Merkmale von Indexfonds und von börsengehandelten Finanzinstrumenten. Wie bei Indexfonds können die Anleger eine Vielzahl von Indizes nachbilden. Wie einzelne Wertpapiere bieten ETFs den Anlegern die Flexibilität, Anteile an den Hauptbörsen den ganzen Tag zum Marktpreis zu kaufen und zu verkaufen. Analog zu Aktien können die Anleger bei ETFs Stop-Loss- und Limit-Orders erteilen. Sie können vorbehaltlich der Geschäftsbedingungen Ihres Brokers sogar auf Kredit ge- und leerverkauft werden.

Finanzinstrument

Ein Instrument, das die Übertragung von Kapital in den Finanzmärkten ermöglicht, wie z. B. Aktien, Anleihen oder SPDRs.

Finanzintermediär

Ein Finanzintermediär ist eine Finanzinstitution, die indirekt Geld Ihrer Kunden anlegt oder sich im eigenen Namen für deren Rechnung um deren finanzielle Angelegenheit kümmert. Dazu gehören z. B. Banken, unabhängige Finanzberater oder Vermögensverwalter.

Geldkurs

Dies ist der Preis, den der Markt für ein Wertpapier zu zahlen bereit ist. Der Geldkurs eines Brokers ist normalerweise sein aktuellstes höchstes Angebot.

Hedging

Das Eingehen einer Position zur Reduzierung des Risikos potenzieller Kursschwankungen bei anderen Anlagen.

iNAV

Der indikative Nettoinventarwert wird über den gesamten Handelstag hinweg minütlich berechnet und veröffentlicht. Der iNAV wird unter Berücksichtigung der Marktpreise der einzelnen in einem Fonds enthaltenen Wertpapierbestände berechnet. Dieser Wert kann herangezogen werden, um einen minutengenauen Anhaltspunkt dafür zu haben, wieviel ein ETF wert ist. Dieser ungefähre Wert kann wiederum zur Prüfung der eigenen Berechnungen der Anleger oder - durch einen Vergleich des iNAV mit den Geld-/Brief-Spreads - für die Feststellung verwendet werden, ob ein ETF am Markt fair bewertet ist.

Indexnachbildung

Eine Methode, die Fondsmanager verwenden, damit ihr Produkt einen bestimmten Index widerspiegelt. Dies wird traditionell durch eine laufende Anpassung der Gewichtungen in einem Anlagevehikel entsprechend des Vergleichsindex erreicht.

Intraday

Das Wort bedeutet „innerhalb desselben Tages". Dieser Begriff wird für Preise verwendet, die über einen Geschäftstag hinweg fortlaufend aktualisiert werden. Dies ist bei Aktien, ETFs und Indizes üblich, nicht jedoch bei Investmentfonds. Deren Preis wird nur einmal täglich zum Handelsschluss ermittelt. Eine Intraday-Quotierung bedeutet normalerweise, dass das Produkt innerhalb des Tages liquide ist.

Kapitalisierungsgewichteter Index

Bei einem kapitalisierungsgewichteten Index sind die Komponenten nach dem Marktwert ihrer im Index enthaltenen Finanzinstrumente gewichtet. Man spricht hier auch von einem marktwertgewichteten Index.

Kontrahentenrisiko

Das Risiko, dass eine Partei bei einer bestimmten Transaktion ausfällt.

Korb

Autorisierte ETF-Beteiligte stellen (Wertpapier-)Körbe zusammen, die alle in einem Index enthaltenen Wertpapiere umfassen. Diese Körbe entsprechen (anteilig) dem Index und werden anschließend in ETF-Anteile getauscht.

Kreditfinanzierter Kauf

Darunter versteht man den Kauf einer Anlage auf Kredit (Darlehen). Als Sicherheit für das Darlehen dient - ähnlich wie bei einer Hypothek - die Anlage. Im Wertpapierhandel ist nur eine Anzahlung erforderlich, da die Wertpapiere selbst im Besitz des Brokers oder Verkäufers bleiben und somit den unbezahlten Betrag besichern.

Leerverkauf

Beim Leerverkauf werden Wertpapiere in der Erwartung fallender Kurse verkauft um sie zu einem späteren Zeitpunkt kostengünstiger zurückzukaufen. Dabei ist der Verkäufer nicht im Besitz der Wertpapiere. Leerverkäufer tätigen ihre Verkäufe manchmal mit geliehenen Aktien.

Liquidität

Beschreibt die Möglichkeit eines Anlegers, ein bestimmtes Produkt zu verkaufen. Ein Produkt mit hohen Handelsvolumina kann leichter ge- und verkauft werden und ist daher liquide.

Liquidität ist für Anleger attraktiv, da sie ihre Anlagen besser verwertbar macht, so dass sie ihre Strategie ändern und Bargeld schnell freisetzen können.

Marktpreis

Dies ist der von den Marktkräften bestimmte Preis einer Anlage. Investmentfonds werden im Allgemeinen zum Nettoinventarwert (NIW) ge- und verkauft, der Marktpreis eines ETFs kann jedoch von seinem NIW abweichen. Der Prozess für die Auflegung und Rücknahme von ETFs ist jedoch so konzipiert, dass ETFs normalerweise zu Marktpreisen gehandelt werden, die nahe an ihren Nettoinventarwerten liegen.

Marktrisiko

Das Marktrisiko (oder systematische Risiko) ist das Risiko für einen Anleger, aufgrund einer allgemeinen Veränderung der Wertpapierkurse (Markt) einen Verluste zu erleiden. Anleger können sich gegen das Marktrisiko absichern, indem sie weniger riskante Anlagen kaufen, die weniger volatilen Schwankungen ausgesetzt sind.

NIW

Abkürzung für Nettoinventarwert Der Nettoinventarwert eines Fonds entspricht dem Wert aller seiner Anlagen und Forderungen abzüglich seiner Verbindlichkeiten.

NIW je Anteil

Der NIW je Anteil eines Fonds ist der auf jeden Anteil des Fonds entfallende Teil seines Nettovermögens. Er entspricht dem Wert jedes Anteils des Fonds, d. h. (Anlagen + Forderungen - Verbindlichkeiten) / umlaufende Anteile. ETFs werden zu ihren Marktpreisen verkauft, die über oder unter dem Nettoinventarwert liegen können. Der Ausgabe- und Rücknahmeprozess ist darauf ausgelegt, den Marktpreis eines ETFs auf den Nettoinventarwert zurückzuführen, so dass eventuelle Auf- oder Abschläge gegenüber dem Nettoinventarwert nicht lange bestehen.

Offener Fonds

Diese Bezeichnung bezieht sich auf einen Fonds, bei dem die Anzahl der Anteile, die er ausgeben kann, nicht begrenzt ist; diese Form ist bei ETFs verbreitet. Durch die Ausgabe neuer Anteile an neue Anleger bewegt sich der Nettoinventarwert des Fonds so, dass er lediglich die Performance des zugrunde liegenden Indexes widerspiegelt. Bei Bedarf können auch Anteile vom Markt genommen werden.

OGAW

Abkürzung für Organismen für gemeinsame Anlagen in Wertpapiere. Die Abkürzung stammt von einer Richtlinie der Europäischen Union.

Organismus für gemeinsame Anlagen in Wertpapieren (OGAW)

Diese Bezeichnung bezieht sich auf Finanzinstrumente, z.B. Investmentfonds, die Anlegern die Möglichkeit bieten, ihre Investments zu Anlageverwaltungszwecken gemeinsam anzulegen um bestimmte Anlageziele zu verfolgen. Eine derartige Zusammenlegung von Anlagen schafft Kosteneffizienz aufgrund von Skaleneffekten.

OTC

Abkürzung für Over The Counter, d. h. den Freiverkehr. OTC-Transaktionen sind Geschäfte, die außerhalb einer Börse getätigt werden. Dieser Begriff bezieht sich gewöhnlich auf Derivate, die nicht standardisiert sind. Sie sind daher nicht an der Börse handelbar.

Passive Management

Unter passivem Portfoliomanagement versteht man einen Portfoliomanagementstil, bei dem das Portfolio eines Fonds einen Marktindex abbildet. Passives Management ist das Gegenteil von aktivem Management, bei dem ein Fondsmanager versucht, die Entwicklung des Marktes zu übertreffen.

Physische Nachbildung

Dies ist ein von den Anlageverwaltern für SPDRs verfolgter Anlagestil. Um die Performance eines Referenzindexes nachzubilden, kaufen unsere Fondsmanager Aktien entsprechend ihrer Gewichtung im Index. Dieser Ansatz bedeutet, dass der Fonds tatsächlich direkt in die Wertpapiere eines Emittenten investiert und nicht über Derivate. Mit einem physischen Nachbildungsansatz meidet der Fonds das mit Derivaten verbundene höhere Kontrahentenrisiko.

Primärmarkt

Dieser Begriff bezieht sich auf den Markt, an dem ETF-Anteile von der emittierenden Gesellschaft direkt ausgegeben oder zurückgenommen werden. Bei SPDRs erfolgt der Zugang zum Primärmarkt über unsere autorisierten Beteiligten, die Anteile an den Fonds ausgeben und zurücknehmen können.

Rücknahme
Dies bezeichnet die Rückgabe von Anteilen an einem Fonds gegen Bargeld. Das Gegenteil davon ist die Ausgabe.

Sekundärmarkt
Dieser Begriff bezeichnet einen Markt, auf dem Anleger Anlagen wie z. B. ETFs von anderen Anlegern und nicht von den Emittenten der Anlagen kaufen bzw. solche an andere Anleger verkaufen. Große Börsen wie die Londoner oder die New Yorker Börse sind Sekundärmärkte.

Spread
Die Differenz zwischen dem Geld- und dem Briefkurs eines Wertpapieres.

TER
Abkürzung für „Total Expense Ratio", d. h. die Gesamtaufwandsquote. Diese Kennzahl bezieht sich auf die von einem Fonds gezahlten Aufwendungen wie z. B. Verwaltungsgebühren, Treuhandgebühren und Betriebskosten wie Handels- und Verwahrkosten, ausgedrückt als Prozentsatz des Fondsvermögens.

Tracking Error

Die Abweichung der Performance eines Fonds von der seiner Benchmark. Beim passiven Management soll der Tracking Error durch möglichst genaues Nachbilden der Benchmark minimiert werden. Die Abweichung wird selbst dann als Tracking Error bezeichnet, wenn der Fonds besser abgeschnitten hat als seine Benchmark.

Verwässerungsgebühr

Gebühr, die Fondsmanager erheben können, um Handels- oder sonstige Kosten zu decken, die beim Kauf oder Verkauf von Anteilen ihrer Fonds anfallen. Der Fondsmanager kann nach seiner Wahl dem Fonds selbst oder den Käufern und Verkäufern des Fonds eine Verwässerungsgebühr berechnen. Wenn ein Fondsmanager eine Verwässerungsgebühr erhebt, erscheint diese auf der Abrechnung als separater, ausdrücklicher Posten.

Volumen

Dies ist das Maß für die Stückzahl der Aktien oder Anteile eines bestimmten Wertpapieres, die innerhalb eines bestimmten Zeitraums gehandelt werden. Das Volumen ist ein nützliches Maß für die Liquidität eines Wertpapieres.

Wechselkursschwankungen

Wechselkursbedingte Wertschwankungen die sich aus der Wertveränderung zweier Währungen zueinander ergeben.

Wertsteigerung

Positive Wertveränderung einer Anlage während der Haltedauer. Die Wertveränderung wird erst beim Verkauf der Anlage realisiert. In den meisten Fällen unterliegt diese einer Besteuerung.

Teil II.

Aktie

Eine Aktie ist ein Wertpapier, das einen Anteil am Grundkapital eines Unternehmens dokumentiert. Aktien können bei der Herausgabe (Emission) gekauft werden, aber auch zu einem späteren Zeitpunkt an der Börse. Bei gleichem Nennwert der Aktien haben alle Aktien den gleichen Anteil am Grundkapital (Stückaktie). Früher wurden von Unternehmen Aktien mit unterschiedlichen Nennwerten herausgegeben, so dass nicht alle den gleichen Anteil am Grundkapital haben. Heute sind Stückaktien üblich.

Meistens werden Aktien in Form von Inhaberaktien ausgegeben, da diese im Gegensatz zu Namensaktien eine schnelle und einfache Übertragung ermöglichen. Bei Namensaktien dagegen muss erst eine Eintragung im Unternehmensbuch erfolgen. Bei vinkulierten Namensaktien muss das Unternehmen sogar seine Zustimmung geben, bevor die Aktie verkauft werden darf.

Die Stammaktie berechtigt zur Abstimmung auf der Hauptversammlung und zur Teilhabe an einer gezahlten Dividende. Vorzugsaktienbesitzer erhalten eine höhere Dividende, besitzen aber kein Stimmrecht.

Der Kurs der Aktie wird vor allem durch Informationen über das Unternehmen wie das Kurs-Gewinn-Verhältnis beeinflusst, aber auch von der Einschätzung der Situation durch die Marktteilnehmer. Hier spielt die Psyche eine große Rolle. Da Kursverluste ebenso wie Kursgewinne möglich sind, gehen

Aktienbesitzer ein Risiko ein, nicht zuletzt, da auch Fachleute die Kursentwicklung nicht sicher prognostizieren können. Auch ein Totalverlust ist möglich, falls die Aktiengesellschaft insolvent wird.

Aktienfonds

Ein Aktienfonds ist der Definition des Fonds-Verbandes BVI zufolge ein Investmentfonds, der überwiegend in Aktien investiert. Aktienfonds konzentrieren sich oft auf Aktien aus bestimmten Regionen oder Branchen. Auch eine Aktienauswahl nach anderen Kriterien wie Unternehmensgröße oder Wachstumsaussichten kommt häufig vor. Ein Fonds kann aktiv durch einen Manager betreut werden oder passiv die Entwicklung eines Aktienindex nachvollziehen (Indexfonds).

Wie alle Investmentfonds sind Aktienfonds verpflichtet, das Vermögen der Anleger auf eine größere Zahl von Aktien zu verteilen, um das Anlagerisiko zu streuen. Höchstens zehn Prozent des Fondsvermögens dürfen in Wertpapiere eines Unternehmens investiert werden. Durch ihren Rechtsstatus als Sondervermögen sind die in Aktienfonds enthaltenen Vermögen zudem bei einer Insolvenz der Fondsgesellschaft geschützt. In Deutschland gibt es seit 1950 Aktienfonds.

Anleihe

Eine Anleihe ist ein Wertpapier, bei dessen Kauf der Käufer Gläubiger wird. Er verleiht Geld an den Emittenten (Herausgeber) der Anleihe. Der Herausgeber (Emittent) einer Anleihe kann der Staat, ein Kreditinstitut oder ein Unternehmen sein.

Der Zeithorizont der Anleihen kann kurz- mittel- oder langfristig, das Heimatland des Herausgebers in Deutschland oder irgendwo auf der Welt sein. Zu einem bestimmten Zeitpunkt, der Fälligkeit, erhält der Anleger dann sein Geld zurück. Und in der Zwischenzeit erhält er dafür Zinsen. Der Zinssatz ist entweder für die gesamte Laufzeit fest oder orientiert sich an einem Leitzins, kann also schwanken.

Wer eine Anleihe kauft, geht neben dem Zinsänderungsrisiko weitere Risiken ein.

Wenn der Herausgeber insolvent wird, zahlt er seine Anleihe nicht oder nur teilweise zurück.

Wer nicht die Fälligkeit der Anleihe abwartet, sondern vorzeitig verkauft, geht ein Kursrisiko ein, da ein geändertes Zinsniveau Einfluss auf den Kurs der Anleihe hat.

Sollte die Anleihe in einer Fremdwährung notiert sein, besteht darüber hinaus ein Währungsrisiko.

Trotz der vielen Risiken ist eine Anleihe - zumindest theoretisch - weniger risikoreich als andere Wertpapiere wie zum Beispiel Aktien. Wer die Anleihe bis zur Fälligkeit behält, erhält den überlassenen Kapitalbetrag zu 100 Prozent zurück - natürlich nur, sofern der Herausgeber in der Zwischenzeit nicht insolvent geworden ist oder vertraglich etwas anderes vereinbart ist. Und im Insolvenzfall partizipiert der Anleger als Gläubiger, anders als der Aktionär, an der Insolvenzmasse - sofern noch etwas da ist.

Auflagedatum

Das Auflagedatum gibt an, wann ein Investmentfonds zum ersten Mal auf den Markt gebracht worden ist. Wenn ein Fonds schon seit (vielen) Jahren existiert, ist dies im Regelfall ein positives Zeichen, da sich der Fonds in seinem Segment behauptet hat, während andere möglicherweise in der Zwischenzeit schließen mussten.

Fonds mit einem jüngeren Auflagedatum müssen erst noch den Beweis erbringen, dass sie sich am Markt behaupten.

Ausgabeaufschlag

Der Ausgabeaufschlag oder Agio ist eine einmalige Gebühr, die Anleger bezahlen, wenn sie Investmentfonds, Zertifikate und andere Anlageprodukte kaufen. Berechnet wird er als Prozentsatz vom Kurswert des Fonds. Bei Aktienfonds beträgt der Ausgabeaufschlag häufig fünf Prozent des Kurses oder sogar mehr.

Vor allem bei einer kurzfristigen Geldanlage über wenige Jahre schmälert der Aufschlag deutlich die Rendite, die ein Anleger erwarten kann.

Abmildern können Anleger die Wirkung des Ausgabeaufschlages, indem sie Fonds bei einer Direktbank oder einem spezialisierten Fondsvermittler im Internet kaufen. Hier werden Fonds oft mit reduziertem oder sogar ganz ohne Ausgabeaufschlag angeboten. ETFs bilden einen Index nach und sind oft kostengünstiger als aktiv gemanagte Fonds.

Ausschüttung

Eine Ausschüttung ist die Ausgabe der im Laufe des Jahres erwirtschafteten Erträge aus einem Fonds. Investmentfonds fließen Erträge aus den Wertpapieren zu, die sie besitzen:

Aktienfonds erhalten Dividenden für ihre Aktien,
Rentenfonds Zinszahlungen für ihre Anleihen.
Und Offene Immobilienfonds haben Mieteinnahmen.

Viele Fonds geben diese Erträge an die Anleger weiter - in Form von Ausschüttungen. Am Tag der Ausschüttung reduziert sich der Fondspreis um den ausgeschütteten Betrag.

Das Gegenstück zu ausschüttenden Fonds sind thesaurierende Fonds. Hier kommt es zu einer Wiederanlage der Erträge.

Bankauszahlplan

Bei einem Bankauszahlplan legen Sie Ihr Kapital bei einer Bank oder Sparkasse an und vereinbaren eine feste monatliche Auszahlrate, also einen fixen Betrag, den Sie regelmäßig aus Ihrem Kapital erhalten. Für das angelegte Geld vereinbaren Sie vorab eine feste Verzinsung. Diese hängt vom aktuellen Zinsniveau auf dem Kapitalmarkt ab und kann nachträglich nicht neu verhandelt werden. Da Bankauszahlpläne häufig langfristige Verträge sind, sollten Sie das bei der Auswahl bedenken.

Bei Bankauszahlplänen haben Sie die Möglichkeit des so genannten Kapitalerhalts oder des Kapitalverzehrs. Das hängt von der Höhe der Zinsen ab und davon, wie viel Sie monatlich als Auszahlung erhalten.

Die Zinserträge, die Ihr Kapital erwirtschaftet, sind abgeltungssteuerpflichtig, wenn Sie Ihre Freibeträge bereits ausgeschöpft haben.

Bausparvertrag

Ein Bausparvertrag ist ein Sparvertrag, den der Verbraucher (Bausparer) mit einer Bausparkasse abschließt; in der Regel dient er zur Finanzierung von Wohneigentum und dessen Werterhalt.

Die Bausparkasse verwaltet einen großen Topf, in den alle Bausparer ihre Beiträge einzahlen. Für das Guthaben gilt in der Regel ein niedriger Zinssatz. Aus diesem Topf wird dann jährlich ein bestimmter Anteil den Bausparern wieder als Darlehen zu ebenfalls verhältnismäßig niedrigen Festzinsen zur Verfügung gestellt. In einigen Verträgen bekommt man unter Umständen ergänzend zum geringen Zinssatz in der Ansparphase noch einen Bonus, falls man auf das Baudarlehen verzichtet.

Auf das Baudarlehen haben Bausparer jedoch nicht sofort Anspruch, sondern erst dann, wenn der Bausparvertrag zuteilungsreif ist. Zuteilungsreif bedeutet, dass drei Voraussetzungen erfüllt sein müssen:

Es muss ein Mindestguthaben angespart werden, beispielsweise 40 Prozent der Bausparsumme.
Der Vertrag muss eine Mindestvertragslaufzeit erfüllt haben, beispielsweise drei Jahre.
Eine von der Bausparkasse vorgegebene Mindestbewertungsziffer muss erreicht werden.

Anspruch auf den Kredit hat in der Regel nur, wer den Bausparvertrag zur Finanzierung eines "wohnwirtschaftlichen" Vorhabens verwendet. Bausparverträge sollten in erster Linie ihrem Zweck entsprechend genutzt werden. Das heißt also zur

Bildung von Eigenkapital für einen späteren Immobilienbau oder -kauf oder von Hauseigentümern als eine Art "Krankenversicherung fürs Haus", mit der Renovierungs- und Sanierungsarbeiten abgedeckt werden.

Unter bestimmten Umständen können auch bestimmte staatliche Förderungen für einen Bausparvertrag genutzt werden wie

die Arbeitnehmersparzulage
die Wohnungsbauprämie
Wohn-Riester.

Bonität

Bonität ist ein anderes Wort für Kreditwürdigkeit. Es steht für die Fähigkeit und den Willen einer Privatperson, eines Unternehmens oder einer staatlichen Einrichtung, einmal aufgenommene Schulden zurückzuzahlen.

Für Anleger hat die Bonität vor allem beim Kauf von Anleihen eine Bedeutung. Je besser die Bonität des Emittenten einer Anleihe ist, desto geringer wird die Wahrscheinlichkeit eingeschätzt, dass dieser insolvent wird. Bei einer Insolvenz würden die Käufer einer Anleihe nämlich das Kapital nicht wie versprochen zurückerhalten, sondern das das Geld wäre ganz oder zumindest teilweise verloren.

Allerdings gilt auch: Je besser die Bonität eines Schuldners, desto geringer sind die Zinsen, die der Käufer einer Anleihe erhält.

Beispiel: Die Bonität der Bundesrepublik Deutschland wird als hervorragend eingeschätzt. Wer der Bundesrepublik Geld leiht, erhält deshalb nur geringe Zinsen.

Bonuszertifikat

Ein Bonuszertifikat ist ein Zertifikat, bei dem unter bestimmten Bedingungen am Ende der Laufzeit eine Bonuszahlung an den Anleger fällig wird.

Wie bei Zertifikaten üblich, hängt die Wertentwicklung eines Bonuszertifikates von der Entwicklung eines Basiswertes ab, auf den sich das Zertifikat bezieht. Das kann zum Beispiel eine Aktie oder ein Börsenindex wie der DAX sein.

Fällt der Kurs des Basiswertes während der Laufzeit eines Bonuszertifikates nicht unter eine bestimmte, vorher festgelegte Schwelle, dann erhält der Anleger einen Festbetrag ausbezahlt. Dieser Festbetrag wird oft auch als Bonus bezeichnet. Zusätzlich können Anleger unter bestimmten Bedingungen an Anstiegen des Basiswertes teilhaben.

Fällt der Kurs des Basiswertes aber während der Laufzeit unter die Schwelle, dann fällt die Bonuszahlung am Ende weg - Anlegern bleibt dann nur noch die Teilhabe an der Entwicklung des Basiswertes. Wenn der Basiswert eine Aktie ist, dann heißt das: Das Bonuszertifikat schwankt im Wert wie eine Aktie.

Wie andere Zertifikate auch ist ein Bonuszertifikat eine Schuldverschreibung des Herausgebers (Emittenten). Wird der Emittent während der Laufzeit insolvent, droht Anlegern unter Umständen ein Totalverlust.

Wie bei allen Zertifikaten gilt außerdem: Vor dem Kauf sollten Anleger sich genau mit den Emissionsbedingungen auseinandersetzen - und nur investieren, falls sie genau verstanden haben, unter welchen Bedingungen Verluste drohen.

Grundsätzlich sind Zertifikate eher etwas für professionelle und institutionelle Anleger, nicht aber für Privatanleger.

Börse

Die Börse ist ein organisierter Markt, auf dem Aktien, Anleihen, Devisen, Derivate und andere Wertpapiere gehandelt werden.

Durch Angebot und Nachfrage bilden sich ständig neue Kurse. Dabei wird der Kurs berechnet, zu dem die meisten Umsätze getätigt werden können.

Grundsätzlich gilt: Wenn mehr Anleger ein Wertpapier kaufen wollen, als es Verkäufer gibt, steigt der Kurs. Gibt es mehr Verkäufer als Käufer, fällt er. Gehandelt wird an Präsenzbörsen, also persönlich vor Ort durch Makler, oder an Computerbörsen.

Der Handel in Deutschland wird beispielsweise über die Deutsche Börse abgewickelt, aber auch über regionale Börsen und elektronische Plattformen.

Börsenindex

Börsenindizes bilden die Entwicklung von Teilen des Wertpapiermarktes ab. Deshalb gelten sie umgangssprachlich auch als "Börsenbarometer".

An den Börsen der Welt werden unzählige verschiedene Wertpapiere gehandelt: Aktien, Anleihen, Investmentfonds und Zertifikate sind nur die bekanntesten unter ihnen. Entsprechend schwer fällt es, den Überblick über die Entwicklung der Märkte zu behalten.

Dieses Problem sollen Börsenindizes lösen. Sie bilden die Entwicklung von Teilen des Wertpapiermarktes ab. Deshalb gelten sie umgangssprachlich auch als "Börsenbarometer". Am bekanntesten sind Aktienindizes wie der Deutsche Aktienindex DAX, der US-amerikanische Dow Jones Industrial Average oder der Euro Stoxx 50, der die Entwicklung 50 der fünfzig größten börsennotierten Unternehmen der Eurozone misst.

Der bekannteste Anleihenindex in Deutschland ist der von der Deutschen Börse berechnete Deutsche Rentenindex (REX).

Börsenplatz

Ein Auftrag, Wertpapiere zu (ver-)kaufen, kann an unterschiedlichen Börsenplätzen durchgeführt werden. Falls keine spezielle Weisung des Anlegers an die depotführende Bank vorliegt, bestimmt die Bank den Börsenplatz.

Zum Beispiel an den Präsenzbörsen in Stuttgart, München, Hamburg, Düsseldorf und Berlin oder bei dem vollelektronischen Handelssystem Xetra. Die Wahl des Börsenplatzes ist dabei nicht unerheblich. Unterschiede gibt es zum Beispiel bei den Transaktionskosten, dem Kurs oder der Geschwindigkeit der Ausführung. Sehr wichtig ist auch das Handelsvolumen - Je größer dies ist, desto eher wird ein Auftrag (überhaupt) ausgeführt. Handelsumsatz: Im Juni lag der Orderbuchumsatz am Handelsplatz Xetra® bei insgesamt 106,3 Mrd. Euro.

Briefkurs

Der Briefkurs gibt an, zu welchem Preis Verkäufer bereit sind, Wertpapiere zu veräußern.

Das Gegenstück zum Briefkurs ist der Geldkurs. Dieser gibt an, zu welchem Preis Käufer bereit sind, Wertpapiere zu erwerben. Geld- und Briefkurs sind die Unter- und Obergrenze, zu denen ein Handel zustande kommen kann.

Bundesschatzbrief

Bei Bundesschatzbriefen handelt(e) sich um Wertpapiere, die mit einem jährlich ansteigendem Stufenzins versehen waren. Seit dem 1. Januar 2013 werden sie nicht mehr herausgegeben.

Beim Bundesschatzbrief Typ A mit sechsjähriger Laufzeit wurden die Zinsen jährlich ausgezahlt. Typ B sammelte die Zinsen an und hatte sieben Jahre Laufzeit. Die Mindestanlage betrug 52 Euro beim Direkterwerb bei der Finanzagentur der BRD. Ein Jahr lang mussten die Bundesschatzbriefe behalten werden (Sperrfrist); danach konnten sie jederzeit bis zu einem Betrag von 5.000 Euro pro Anleger und Monat zurückgegeben werden. Seit 1. Januar 2013 können Anleger keine Bundesschatzbriefe mehr erwerben. Vorher gekaufte Papiere laufen aber noch wie vertraglich abgemacht aus.

Call

Ein Call ist eine Option, bei der es einen Käufer und einen Verkäufer gibt. Der Verkäufer der Option (Stillhalter) ist verpflichtet, die Aktie zu diesem Preis zu verkaufen. Der Käufer geht also von steigenden Kursen aus.

Steigen die Kurse, ist das Gewinnpotential des Käufers - theoretisch gesehen - nach oben unbegrenzt. Wenn die Kurse dagegen fallen, verliert der Käufer die gezahlte Optionsprämie. Der Verkäufer trägt weiter das Verlustrisiko, falls der Kurs seiner Aktie sinkt. Er hat aber auf jeden Fall die Optionsprämie als Einnahme sicher.

Rechenbeispiel:

Der Käufer erwirbt gegen eine Zahlung von 10 Euro das Recht, innerhalb der nächsten drei Monate eine Aktie, die gegenwärtig bei 85 Euro steht, zum Preis von 90 Euro zu kaufen. Liegt der Kurs der Aktie während der Laufzeit immer unter 90 Euro, stellt die gezahlte Optionsprämie den Verlust dar, den der Käufer erlitten hat. Liegt der Aktienkurs zwischen 90 und 100 Euro, macht er einen teilweisen Verlust. Steigt der Kurs auf über 100 Euro, macht er Gewinn. Bei einem Kurs von beispielsweise 120 Euro nutzt der Besitzer die Option und macht so 20 Euro Gewinn (120-90-10).

DAX

Eingeführt wurde der DAX am 1. Juli 1988. Heute ist er eine eingetragene Marke der Deutsche Börse AG.

In die Berechnung des DAX fließen einerseits die Kurse der Aktien ein, die dem Index angehören. Andererseits werden auch die jährlichen Dividendenzahlungen einberechnet. Dadurch wird der DAX zum Performance-Index. Er gibt die Gesamtentwicklung (Performance) von Aktien wieder, die sich aus dem Kursverlauf und den jeweiligen Dividendenzahlungen zusammensetzt. Ausgewählt werden die im DAX enthaltenen 30 Unternehmen anhand der beiden Kriterien Marktkapitalisierung und Börsenumsatz.

Deckungssumme

Zum Bereich Geldanlage und Vermögensaufbau gehört auch der Vermögensschutz. Dieser sorgt dafür, dass nicht durch ein von außen eintretendes Ereignis das Vermögen gefährdet wird. Hier ist der Begriff Deckung von zentraler Bedeutung.

Der Begriff Deckung trifft Verbraucher in vielen Bereichen des Lebens, ohne dass dies immer auf Anhieb ersichtlich ist. Verbraucher haben zum Beispiel ein Schließfach bei der Bank. Der Inhalt ist bis zu einer Höchstgrenze, der Deckungssumme, versichert. Weitere Beispiele sind die private Haftpflichtversicherung oder die Hausratversicherung.

Verbraucher sollten die Deckungssumme so hoch ansetzen, dass sie im Ernstfall ausreicht. Wer Goldbarren im Wert von 100.000 Euro im Bankschließfach hat, dem hilft es wenig, wenn der Inhalt nur bis zur Deckungssumme von 25.000 Euro versichert ist. Und wer als Radfahrer einen Fehler macht, der dazu führt, dass ein LKW in die nahe gelegene Eisdiele fährt, für den kann es entscheidend sein, ob die Privathaftpflicht vor Kurzem mit einer Deckungssumme von fünf Millionen Euro abgeschlossen wurde, oder vor 20 Jahren mit einer Deckungssumme von einer Million DM (nicht Euro).

Wenn die Deckungssumme nicht ausreichend ist, sollte sie erhöht werden. Zum Beispiel können Verbraucher bei Banken anfragen, ob der Schließfachinhalt gegen Zahlung einer zusätzlichen Gebühr mit einer höheren Deckungssumme versichert werden kann. Alternativ kann man den Inhalt auf unterschiedliche Schließfächer bei verschiedenen Banken aufteilen.

Depotauszug

Den Depotauszug erhalten Inhaber einer Wertpapierdepots mindestens einmal jährlich von ihrer Bank. Rechtsgrundlage für diesen Depotauszug sind die Sonderbestimmungen für Wertpapiergeschäfte und die Bestimmungen des Bürgerlichen Gesetzbuches (BGB).

Es existieren keine einheitlichen, detaillierten Vorgaben für den Aufbau und die Darstellung. Daher unterscheiden sich die Depotauszüge von Bank zu Bank.

Der Depotauszug enthält aber im Regelfall folgende Informationen:

die Bezeichnung der verwahrten Wertpapiere,
den Nennbetrag oder die Stückzahl,
die Verwahrart,
Ansprüche auf bereits bezahlte, aber noch nicht gelieferte Wertpapiere,
Wert der einzelnen Positionen zu einem bestimmten Stichtag (meist Jahresende),
Gesamtwert des Depots zu diesem Stichtag und
die Adresse der neutralen Stelle, an die schriftliche Reklamationen zu richten sind.

Verbraucher sollten die Depotauszüge auf Richtigkeit und Vollständigkeit überprüfen und Unrichtiges sofort schriftlich bemängeln.

Deutscher Rentenindex

Er wird seit 1991 von der Deutsche Börse AG ermittelt. Grundlage für die Berechnung sind 30 typische deutsche Staatsanleihen mit Laufzeiten zwischen einem Jahr und zehn Jahren.

Devisenkurs

Dieser Kurs gibt an, wie viel ausländisches Geld es für einen Euro an der Börse gibt. Bei einer Geldanlage in Fremdwährung wird der Devisenkurs (Wechselkurs) des Euro zu der ausländischen Währung benötigt, um den Kurswert des Wertpapiers in Euro zu bestimmen.

Liegt der Kurs zum US-Dollar bei 1,10, bedeutet dies, dass man für 100 Euro 110 US-Dollar bekommt. Wenn der Kurs sich auf 1,05 ändert, ist der US-Dollar aufgewertet worden, weil Anleger für 100 Euro nur noch 105 US-Dollar bekommen. Bei einer Kursänderung auf 1,20 hingegen ist der Euro aufgewertet worden, man erhält für 100 Euro jetzt 120 US-Dollar.

Wer Geldanlagen in Fremdwährung besitzt, geht ein Währungsrisiko ein. Dies bedeutet, dass es durch den Devisenkurs zum Zeitpunkt des Verkaufs/der Fälligkeit Währungsgewinne, aber auch Währungsverluste geben kann. Zum Zeitpunkt des Kaufs einer Geldanlage in Fremdwährung ist ein starker Euro von Vorteil, weil man für das ausländische Geld weniger bezahlen muss. Beim Verkauf oder der Fälligkeit ist ein schwacher Euro vorteilhaft, weil man für das ausländische Geld mehr Euro bekommt.

Discountzertifikat

Die Entwicklung des Zertifikates richtet sich anschließend nach der Wertentwicklung des Basiswertes - zum Beispiel einer Aktie oder eines Börsenindex.

In ihrer am weitesten verbreiteten Ausgestaltung funktionieren Discountzertifikate folgendermaßen: Befindet sich der Kurs des Basiswertes am Tag der Fälligkeit des Zertifikates oberhalb eines vorher festgelegten Wertes, dann wird der maximal mögliche Gewinn des Zertifikates ausgezahlt. Dieser höchstmögliche Gewinn wird auch Festbetrag oder Cap genannt. Steigt der Kurs des Basiswertes über den Festbetrag hinaus, profitieren Anleger davon nicht.

Im Gegenzug bieten Discountzertifikate aber auch einen Puffer gegen Verluste: Anleger erleiden erst dann einen Verlust, wenn der Kurs des Basiswertes unter den ursprünglich für das Zertifikat gezahlten Preis fällt. Wie groß dieser Puffer ist, richtet sich nach dem namensgebenden Discount.

Beispielsweise erwerben Sie ein Discountzertifikat auf eine bestimmte Aktie zum Preis von 50 Euro, während die Aktie selbst 60 Euro kosten würde. Der "Cap", also der maximal Gewinn liegt bei 70 Euro. Sie können also maximal 20 Euro Gewinn machen - wenn der Wert der Aktie bei am Ausübungstag bei 70 oder höher liegt. Ist der Wert der Aktie auf 55 gefallen, macht der Aktienbesitzer Verlust, der Discountzertifikatsbesitzer ist noch in der Gewinnzone. Fällt der Kurs auf unter 50, machen beide Verluste - beim Discountzertifikatsbesitzer beträgt dieser aber 10 Euro weniger. Allerdings müssen in der Gesamtbewertung natürlich noch die Kosten des Zertifikats berücksichtigt werden.

Wie andere Zertifikate auch ist ein Discountzertifikat eine Schuldverschreibung des Herausgebers (Emittenten). Wird der Emittent während der Laufzeit insolvent, droht Anlegern unter Umständen ein Totalverlust.

Auch gibt es verschiedene Varianten von Discountzertifikaten, deren Funktionsweise noch deutlich komplizierter ist als die oben geschilderte Standard-Ausgestaltung. Deshalb gilt: Vor dem Kauf eines Discountzertifikates sollte jeder Anleger genau die Emissionsbedingungen lesen - und sie verstanden haben.

Discount-Zertifikate - darum geht es

Mit Discount-Zertifikaten investieren Anleger mit einem Preisabschlag oder Discount gegenüber dem aktuellen Börsenkurs in einen Basiswert. Diese Zertifikate machen in Deutschland eine der größten Gruppen unter den Anlagezertifikaten aus. Discount-Zertifikate weisen grundsätzlich ein geringeres Anlagerisiko auf als Aktien oder Indexzertifikate und eignen sich perfekt, um mit Aktien und Rohstoffen in Seitwärtsphasen attraktive Gewinne zu erzielen.

Wie funktionieren Discount-Zertifikate?

Zur Konstruktion eines Discount-Zertifikats kombiniert ein Emittent wie Vontobel oder DZ Bank eine Long- mit einer Short-Position in zwei Call-Optionen miteinander: Dies sind zum einen ein Call (long) mit dem Basispreis von null Euro (oder auch ein Aktien-Future – beide repräsentieren eine Aktie abzüglich ihrer diskontierten Dividende) und zum anderen ein Call (short) mit einem Basispreis in Höhe des Caps. Der Preis für den Call Strike

0 steigt mit steigenden Aktienkursen kontinuierlich an; in der Gesamtposition wird der Wertzuwachs allerdings ab dem Cap von angenommenen 50 Euro durch den gegenläufigen Call komplett kompensiert.

Die relative Höhe des Discounts hängt dabei maßgeblich von zwei Faktoren ab: der erwarteten Schwankungsbreite (Volatilität) und der Restlaufzeit. Im Optionsmarkt werden für die Möglichkeit starker Kursausschläge – gleichbedeutend mit großen Chancen und Risiken – höhere Prämien gezahlt als für niedrige Schwankungsbreiten. Bei höheren Prämien für den verkauften Call kann der Emittent einen höheren Verkaufserlös erzielen und damit beim Discount-Zertifikat einen attraktiveren Rabatt anbieten. Sind die erzielbaren Optionsprämien aufgrund geringer Volatilität dagegen niedrig, fällt auch der Rabatt des Zertifikats geringer aus.

Über die absolute Höhe des Discounts entscheidet die Lage des Caps im Verhältnis zum aktuellen Aktienkurs. Liegen Cap und Aktienkurs in etwa gleich (die Option liegt dann am Geld), fällt der Wert des Calls – und damit der Rabatt des Discount-Zertifikats – höher aus als bei einem Cap, das oberhalb des aktuellen Kursniveaus (Option aus dem Geld) liegt. Die Short-Call-Option eines defensiven Discount-Zertifikats mit einem Cap von 45 Euro ist beim Aktienkurs von 50 Euro dagegen im Geld. Das führt bei geringerem Risiko bzw. höherem Rabatt zu einem niedrigeren Maximalertrag als bei einem Discount-Zertifikat mit Cap am Geld oder aus dem Geld.

Discount-Zertifikate handeln - das sollten Sie tun

1
Discount-Zertifikate ermöglichen es Ihnen, mit Aktien, Rohstoffen, Indizes oder anderen Basiswerten in einer Seitwärtsphase attraktive Gewinne zu erzielen.

2
Wählen Sie einen Basiswert, der Ihren Erwartungen entspricht. Entscheiden Sie sich dann für einen Emittenten, zum Beispiel Vontobel, Commerzbank, DZ Bank oder DekaBank.

3
Nachdem Sie Ihre Auswahl getroffen haben, können Sie die Discount-Zertifikate über jeden Broker an der Börse ordern und später wieder verkaufen - dazu müssen andere Anleger das Discount-Zertifikat anbieten oder nachfragen.

Diversifikation

Das bedeutet, dass nicht alles auf die berühmte "eine Karte" gesetzt wird, sondern auf eine Vielzahl von Wertpapieren und Anlagen. Je breiter man sein Vermögen gestreut hat, desto geringer ist die Wahrscheinlichkeit, dass eintretende Risiken das ganze Portfolio betreffen.

Angenommen, sie haben Aktien von einem einzelnen deutschen Automobilunternehmen in Ihrem Depot. Wie können Sie diversifizieren?

Um nicht von einer einzigen Gesellschaft abhängig zu sein, können Sie Aktien anderer deutscher Automobilunternehmen kaufen.

Um nicht von einer Branche anhängig zu sein, können Sie Aktien aus anderen Bereichen erwerben, zum Beispiel Chemieaktien, Technologieaktien oder / und Finanzaktien.

Um nicht von einem Land anhängig zu sein, können Sie Aktien von Unternehmen in anderen Ländern erwerben: europaweit, oder auch weltweit.

Um nicht alleine von Aktien abhängig zu sein, können Sie andere Produkte erwerben: zum Beispiel Anleihen und / oder Immobilien.

Insbesondere der letzte Punkt ist von zentraler Bedeutung. In einer Krise ist es nicht zwangsläufig so, dass alle Geldanlagen Verluste einfahren. In der Vergangenheit war zum Beispiel die Entwicklung von Aktienkursen und Anleihen (festverzinslichen Wertpapieren) oft gegenläufig. Das eigene Portfolio sollte also idealerweise so diversifiziert ein, dass die Verluste einzelner Anlagen durch die Gewinne der anderen ausgeglichen - oder zumindest abgemildert - werden, so dass die Gesamtentwicklung positiv ist.

Dividende

Das Ziel eines Unternehmens ist es in der Regel, Gewinn zu machen. Macht eine Aktiengesellschaft (AG) Gewinn, dann schüttet sie oft einen Teil davon an ihre Aktionäre aus. Diese Ausschüttung heißt Dividende. Für die Aktionäre ist die Höhe der Dividende pro Aktie besonders interessant.

Der Vorstand der AG schlägt in jedem Jahr die genaue Aufteilung des Gewinns und damit die Höhe der Dividende vor. Die Entscheidung über den Vorschlag treffen die Aktionäre dann selbst auf der Hauptversammlung.

Die Dividende wird in der Regel am Tag der Hauptversammlung ausgeschüttet. Am gleichen Tag vermindert sich auch der Aktienkurs um den Wert der Dividende.

Teilt man die Dividende (in Euro oder einer anderen Währung) durch den Aktienkurs, dann erhält man die Dividendenrendite. Sie ist eine klassische Kennzahl zur Bewertung von Aktien.

Dow Jones Euro Stoxx 50

Der Aktienindex Dow Jones Euro Stoxx 50 zeichnet die Wertentwicklung der 50 größten börsennotierten Unternehmen in der Eurozone nach.

Er wurde im Jahr 1998 eingeführt und hat sich seitdem zu einem der wichtigsten Börsenindizes in Europa entwickelt.

Der Euro Stoxx 50 wird sowohl als Performance-Index als auch als Kursindex berechnet. Verbreiteter ist allerdings der Kursindex. Ein Kursindex bildet nur den Kursverlauf der in ihm enthaltenen Aktien ab. Ein Performance-Index berücksichtigt zusätzlich auch die jährlichen Dividendenzahlungen. Dadurch spiegelt er die gesamte Wertentwicklung der enthaltenen Aktien wider.

Dow Jones Industrial Average

Der Name leitet sich von Charles Dow, dem Begründer des Index, und seinem Kollegen Edward Jones ab. Dow hat neben dem Dow Jones Industrial Average auch die berühmte Börsenzeitung "The Wall Street Journal" mitbegründet. Der Dow Jones Industrial Average wird schon seit dem Jahr 1896 berechnet und gilt als ältester noch bestehender Aktienindex der USA.

Der Dow Jones wird als Kursindex berechnet. Das heißt, er bildet nur den Kursverlauf der in ihm enthaltenen Aktien ab und berücksichtigt keine Dividendenzahlungen.

Eine weitere, oft kritisierte Besonderheit des Dow Jones ist, dass die enthaltenen Aktien nach ihrem Preis gewichtet werden. Das führt dazu, dass zum Beispiel der Flugzeugbauer Boeing ein höheres Gewicht im Index hat als das Softwareunternehmen Microsoft. Dabei liegt der Börsenwert von Microsoft etwa fünf mal so hoch wie der von Boeing. Nur der Kurs einer einzelnen Aktie ist niedriger.

Dow Jones Stoxx 50

Er wurde im Jahr 1998 eingeführt. Wenige Monate später folgte sein Geschwisterindex Euro Stoxx 50, der die 50 größten börsennotierten Unternehmen der Eurozone enthält.

Der Stoxx 50 wird sowohl als Performance-Index als auch als Kursindex berechnet. Ein Kursindex bildet nur den Kursverlauf der in ihm enthaltenen Aktien ab. Ein Performance-Index berücksichtigt zusätzlich auch die jährlichen Dividendenzahlungen. Dadurch spiegelt er die gesamte Wertentwicklung der enthaltenen Aktien wider.

Dow Jones Stoxx 600

Er umfasst die Aktien von 600 Unternehmen aus folgenden Ländern: Belgien, Dänemark, Deutschland, Finnland, Frankreich, Griechenland, Großbritannien, Irland, Island, Italien, Luxemburg, Niederlande, Norwegen, Österreich, Portugal, Schweden, Schweiz und Spanien.

Der Dow Jones Stoxx 600 wird sowohl als Performance-Index als auch als Kursindex berechnet. Ein Kursindex bildet nur den Kursverlauf der in ihm enthaltenen Aktien ab. Ein Performance-Index berücksichtigt zusätzlich auch die jährlichen Dividendenzahlungen. Dadurch spiegelt er die gesamte Wertentwicklung der enthaltenen Aktien wider.

Einlagensicherung

Gesetzliche Einlagensicherung bedeutet, dass Kundeneinlagen im Fall der Insolvenz einer Bank bis zum Gesamtbetrag von 100.000 Euro (ohne Selbstbeteiligung) gesichert sind. Vorausgesetzt, die Bank hat ihren Sitz in der EU und das Geld ist auf einem Konto angelegt, dass als sogenannte Einlage gilt. Dies sind zum Beispiel Tagesgelder, Festgelder, Sparbücher und viele Sparverträge, nicht aber Aktien oder Anleihen. Der Schutz gilt auch für Konten, die in einer anderen Währung als dem Euro geführt werden.

Unter Umständen erhöht sich der abgesicherte Betrag auf bis zu 500.000 Euro, zum Beispiel wenn sich auf dem Konto der Kaufpreis einer privat genutzten Immobilie befand.

Ansprüche hat das Einlagensicherungssystem binnen 20 Arbeitstagen zu erfüllen. Ab dem 1. Juni 2016 verkürzt sich die Frist zur Auszahlung auf sieben Tage.

Emerging Markets

Der Begriff "Emerging Markets" wird häufig benutzt, wenn mit Blick auf Geldanlagen und Börsengeschäfte von Schwellenländern die Rede ist.

Als Schwellenland wird ein Land bezeichnet, das zwar nicht mehr als Entwicklungsland betrachtet wird, aber auch noch nicht zu den vollständig industrialisierten Ländern zählt.

Schwellenländer zeichnen sich häufig durch überdurchschnittliches Wirtschaftswachstum und unterdurchschnittliche Lohnkosten im Vergleich zu den Industrieländern aus.

Investitionen in Aktien und Anleihen aus Schwellenländern bieten oft hohe Gewinnaussichten mit einem entsprechend hohen Risiko.

Emittent

Der Emittent ist der Herausgeber eines Wertpapiers. Ein solches Wertpapier kann zum Beispiel eine Aktie oder eine Anleihe sein.

Emittent einer Aktie ist ein Unternehmen. Bei einer Anleihe kann der Emittent ein Unternehmen, der Staat, eine öffentliche Körperschaft, aber auch eine sonstige Institution sein.

Eines der Risiken, das die Käufer von Wertpapieren berücksichtigen sollten, ist das sogenannte Emittentenrisiko. Dies bedeutet, dass die Aktie oder Anleihe aufgrund einer Insolvenz des Herausgebers wertlos werden kann. Das eingesetzte Kapital ist dann ganz - oder zumindest teilweise - verloren. So haben im Jahr 2008 viele Anleger im Fall Lehman das Emittentenrisiko unterschätzt oder gar nicht erkannt.

ETC

ETC ist die Abkürzung für Exchange Traded Commodities. Das heißt übersetzt: börsengehandelte Rohstoffe.

Der Name sagt es bereits: ETCs sollen es Anlegern ermöglichen, in Rohstoffe zu investieren und deren Wertentwicklung nachzuvollziehen. Das heißt, dass ETCs zum Beispiel die Preisentwicklung von Öl, Gold, Erdgas, Weizen und anderen Rohstoffen abbilden.

Rechtlich sind ETCs Schuldverschreibungen. Damit ähneln sie Zertifikaten. Bei beiden tragen Anleger ein Emittentenrisiko. Um das Emittentenrisiko zu verringern, sind ETCs allerdings auf verschiedene Arten besichert. In anderer Hinsicht gleichen ETCs eher ETFs, also börsengehandelten Indexfonds: ETCs sind grundsätzlich in der Laufzeit unbefristet und ständig an der Börse handelbar.

ETCs sind eine relativ komplizierte Anlageform. Das hängt damit zusammen, dass viele nicht die Preise für sofort gelieferte Rohstoffe abbilden (die so genannten Spot-Preise), sondern die Preise für Warentermingeschäfte (Futures) - also für die Lieferung eines Rohstoffes in der Zukunft. Die Kursentwicklung von ETCs ist daher für viele Anleger schwer nachzuvollziehen.

ETF

ETF ist die Abkürzung für exchange-traded fund. Übersetzt bedeutet der englische Begriff "börsengehandelter Fonds".

ETFs sind also Investmentfonds, die über die Börse gehandelt werden. Herkömmliche Investmentfonds kaufen Anleger hingegen oft direkt von der Fondsgesellschaft - vermittelt durch eine Bank oder Sparkasse. Zudem unterscheiden sich ETFs von herkömmlichen Investmentfonds vor allem dadurch, dass es in der Regel kein aktives und damit kostenintensives Fondsmanagement gibt.

ETFs beschränken sich darauf, passiv die Entwicklung von Börsenindizes nachzuvollziehen. Dadurch fallen in der Regel deutlich weniger Kosten an als für aktiv gemanagte Fonds. Wenn beispielsweise ein aktiv gemanagter Fonds bei jährlichen Kosten von zwei Prozent eine Nettorendite von vier Prozent anstrebt, muss die Rendite vor Kosten stolze 6 Prozent betragen. Wenn bei einem ETF die jährlichen Kosten 0,3 Prozent betragen und ebenfalls eine Nettorendite von 4 Prozent angestrebt wird, muss vor Kosten dagegen nur eine Rendite von 4,3 Prozent erreicht werden.

In Deutschland gibt es ETFs seit dem Jahr 2000.

Fälligkeit

Die Fälligkeit ist insbesondere bei Anleihen wichtig.

Wenn Anleger Geld verleihen, zum Beispiel durch den Kauf einer Bundesanleihe oder eines sonstigen festverzinslichen Wertpapiers, tun sie es in der Annahme, dass das geliehene Geld eines Tages zurückgezahlt wird.

Diese Rückzahlung durch den Herausgeber der Anleihe geschieht am Tag der Fälligkeit, und zwar nach den Vertragsbedingungen.

Falls der Anleger nicht bis zur Fälligkeit warten kann oder will, sollte er prüfen, ob möglicherweise eine (Teil-)Rückgabe an den Herausgeber möglich ist.

Alternativ kann ein Verkauf über die Börse zum aktuellen Tageskurs angestrebt werden. In diesem Fall ist ein Kursgewinn, aber auch ein Kursverlust möglich. Das Recht auf Rückzahlung bei Fälligkeit geht an den neuen Käufer über.

Festgeld

Auf einem Festgeldkonto legen Sie das Guthaben für einen bestimmten Zeitraum fest an. Im Gegenzug zahlt die Bank Zinsen.

Die Banken verlangen üblicherweise eine Mindestanlagesumme, deren Höhe von Anbieter zu Anbieter unterschiedlich sein kann.

Gleiches gilt für die Mindestanlagedauer, die oft zwischen 30 und 90 Tagen liegt, aber auch mehrere Jahren betragen kann. In einigen Fällen verlängert sich die Anlage nach Ablauf der Laufzeit automatisch, wenn der Kunde keine gegenteilige Weisung ausspricht. Verpasst der Kunde die rechtzeitige Mitteilung, dass er das Kapital ausbezahlt haben möchte, kommt er gegebenenfalls erst mit gehöriger Verspätung an sein Geld.

Fondsgebundene Lebens- oder Rentenversicherung

Fondsgebundene Lebens- und Rentenversicherungen sind eine Variante privater Rentenversicherungen, bei denen die Sparleistungen in Investmentfonds angelegt werden.

Sie sind nicht zu vergleichen mit der klassischen Lebens- oder Rentenversicherung. Hier fließt Ihre Sparrate nach Abzug von Verwaltungskosten in einen oder mehrere Investmentfonds. Sie sind also im Grunde einem Fondssparplan gleichzusetzen: Die entsprechenden Kapitalanlagen des Versicherers werden auf Rechnung und Risiko des Versicherungsnehmers gehalten. Die Wertveränderungen gehen damit vollständig zu Lasten bzw. zu Gunsten der Versicherungsnehmer. Bei den fondsgebundenen Lebensversicherungen wird auch im Todesfall ein bestimmtes Kapital ausbezahlt.

Es gibt ganz unterschiedliche Varianten fondsgebundener Versicherungen, von denen einzelne auch mit einer Garantie ausgestattet werden können. Fondsgebundene Versicherungen sind in der Regel kostenintensiver als reine Fondssparpläne oder klassische Versicherungslösungen, da sowohl die Kosten für den Fondskauf als auch Abschluss- und Verwaltungskosten zu entrichten sind.

Garantie

Garantien werden in vielen verschiedenen Zusammenhängen abgegeben. Von denen nur einige hier beispielhaft genannt werden. Das Wort Garantie besagt, dass ein Gut eine bestimmte Eigenschaft hat. Beziehungsweise: dass eine Person oder Institution in einer konkreten Situation ein bestimmtes Handeln zusichert.

Bei Kaufverträgen wird die Garantie oft mit der gesetzlichen Gewährleistungspflicht verwechselt, die dem Verbraucher beim Erwerb eines Gutes zusteht. Wer zum Beispiel ein neues Auto oder neue Möbel kauft, dem steht per Gesetz die zweijährige gesetzliche Gewährleistung zu. Das bedeutet, dass der Verkäufer nachbessern muss, wenn zum Zeitpunkt des Kaufs Mängel an der Ware bestanden, die sich aber erst im Nachhinein zeigen.

Die Garantie ist in diesem Zusammenhang etwas anderes. Der Verkäufer schließt mit dem Käufer einen Vertrag und sichert in einem bestimmten Zeitraum festgelegte Eigenschaften zu. Zum Beispiel, dass bei der neuen Waschmaschine oder dem neuen Fernseher die Nicht-Verschleißteile in den ersten 5 Jahren nicht kaputt gehen. Sonst gibt es eine kostenlose Reparatur, ein neues Gerät oder eventuell sogar das Geld zurück. Diese Zusage geht über die gesetzliche Gewährleistungspflicht hinaus. Eine solche Garantie muss der Kunde bisweilen gesondert bezahlen. Andere Anbieter nutzen sie als Werbeargument, um sich von Konkurrenten abzusetzen.

Auch Banken und Sparkassen können Garantien vergeben. Beispielsweise garantiert ein Kreditinstitut, dass einer ihrer Kunden seinen Verpflichtungen nachkommen wird. Sonst zahlt die Bank (Bankbürgschaft). Muss der Kunde etwa zum Jahresende einen Betrag von 50.000 Euro an seinen Vertragspartner zahlen, kann die Bank eine entsprechende Garantie abgeben. Sie springt also ein, wenn der Kunde selber nicht zahlen kann.

Verbraucher können auch so genannte Garantiezertifikate oder Garantiefonds kaufen. Bei diesen garantieren die Herausgeber des Zertifikats bzw. des Fonds zum Beispiel die Rückzahlung des Nennbetrags am Laufzeitende. Eventuell beim Kauf gezahlte Ausgabeaufschläge etc. sind von der Garantie dann nicht erfasst.

Eine Garantie ist nur so gut wie ihr Garantiegeber. Wenn Ihnen ein völlig überschuldetes Unternehmen eine Geldzahlung garantiert, ist dies also nichts wert. Sie hilft nur dann etwas, wenn der Garantiegeber zahlungskräftig ist. Zudem gilt sie gelegentlich nicht für das komplette eingesetzte Kapital, sondern nur für Teilbeträge.

Geldkurs

Der Geldkurs gibt an, welchen Preis Käufer beim Erwerb von Wertpapieren bereit sind zu zahlen.

Das Gegenstück zum Geldkurs ist der Briefkurs. Dieser gibt an, welchen Preis Verkäufer beim Verkauf der Wertpapiere erwarten. Geld- und Briefkurs sind die Unter- und Obergrenze, zu denen ein Handel zustande kommen kann.

Geschlossene Fonds

Bei geschlossenen Fonds handelt sich um unternehmerische Beteiligungsmodelle, bei denen für ein bestimmtes Investitionsprojekt (etwa einen Windpark oder ein großes Bauvorhaben) Geldgeber geworben werden. Mit Investmentfonds haben sie nichts zu tun.

Wenn der erforderliche Betrag eingesammelt ist, dann schließt der Fondsinitiator den Fonds und er beginnt mit den Investitionen. Insbesondere sollten Sie beachten, dass Sie bei einer solchen Anlageform ein unternehmerisches Risiko tragen. Wird der geschlossene Fonds insolvent, verlieren Sie im schlimmsten Fall Ihre komplette Anlage. Wirtschaftet der Fonds schlecht, erhalten Sie weniger oder gar keine Rendite. Es ist durchaus möglich, dass solche Probleme erst nach mehreren Jahren auftreten.

Für Verbraucher ist eine Anlage in Form eines geschlossenen Fonds in der Regel nicht geeignet.

Girosammelverwahrung

Auf der Sammelurkunde werden die Aktienrechte an einer Aktiengesellschaft eingetragen. Und an dieser Sammelurkunde kann man Anteile erwerben. Nur das wird tatsächlich festgehalten: wer welchen Anteil an dieser Sammelurkunde besitzt.

Das System hat einen großen Vorteil: Man kann seinen Anteil leicht verkaufen, Aktien müssen nicht umgeschrieben und per Post verschickt werden. Es findet einfach eine Umbuchung von einem Depot in ein anderes statt. Im Übrigen hat der Anleger auch gar nicht das Recht, die Herausgabe einer bestimmten Einzelurkunde zu verlangen. Aufbewahrt wird die Sammelurkunde beim Zentralverwahrer.

In Deutschland ist das seit dem Jahr 2000 Clearstream. Clearstream gehört zur Gruppe Deutsche Börse und hat seinen Sitz in Frankfurt. Clearstream wird auch von den depotführenden Banken der Anleger informiert, wer welchen Anteil an den einzelnen Unternehmen besitzt.

Goldfonds

Ein Goldfonds ist ein Investmentfonds, dessen Ziel es ist, die Entwicklung des Goldpreises abzubilden.

Die in Deutschland zum Vertrieb zugelassenen Goldfonds dürfen allerdings nur zu einem gewissen Teil überhaupt direkt Gold erwerben. Der Rest des Fondsvermögens wird auf andere Anlageformen verteilt - Beispiel auf Zertifikate oder Anleihen. Manche Fondsanbieter verzichten sogar ganz auf die Investition in den Rohstoff Gold und kaufen stattdessen andere Anlageprodukte vom Fondsvermögen.

Der Goldpreis soll durch den Fonds abgebildet werden, so dass Anleger ebenfalls von steigenden Preisen profitieren sollen. Der Erwerb von Gold ist also für Anleger, die nur von steigenden Preisen profitieren wollen, gar nicht notwendig - so die Argumentation der Anbieter. Eine Garantie, dass die Maßgabe des Fondsmanagers aufgeht, haben Sie jedoch nicht.

Hedgefonds

Die Anlagestrategien von Hedgefonds sind vielfältig. Sie dürfen Aktien verkaufen, die sie sich nur geliehen haben (Leerverkäufe), dürfen ihre Spekulationen mit Krediten finanzieren und riskante Terminkontrakte (Futures) abschließen. Gemeinsam haben Hedgefonds vor allem drei Dinge: Sie sind kaum reguliert, haben ihren Sitz meist in freizügigen Steuerparadiesen wie den Bahamas oder den Kaiman-Inseln, und sie dürfen in Deutschland nicht an Privatanleger verkauft werden.

Das hat seine Gründe, schließlich führt die geringe Regulierung der Hedgefonds dazu, dass die Fondsmanager praktisch machen können, was sie wollen. Hedgefonds gehören zu den am wenigsten transparenten Anlageformen.

Erlaubt sind in Deutschland nur so genannte Dachhedgefonds, also Investmentfonds, die mehrere Hedgefonds unter einem Dach bündeln. Diese Konstruktion ist für Anleger aber sehr teuer: Zu den Kosten für die einzelnen Fonds kommen die Gebühren für den Dachhedgefonds selbst.

Der Vertrieb von sogenannten Single-Hedgefonds ist in der Bundesrepublik Deutschland hingegen ausschließlich an professionelle und semi-professionelle Anleger erlaubt, nicht hingegen an Verbraucher. Die Vertriebsvorschriften für Hedgefonds richten sich vor allem nach dem Kapitalanlagegesetzbuch (KAGB), insbesondere nach den § 293 ff.

Weitere Hinweise zu Hedgefonds, die in Deutschland aufgelegt und vertrieben werden, finden Sie im Internet bei der Bundesanstalt für Finanzdienstleistungsaufsicht (BaFin).

Immobilie

Das Wort Immobilie kommt aus dem Lateinischen und steht ursprünglich einfach für eine unbewegliche Sache. Entsprechend wird das Wort auch in der Wirtschafts-Fachsprache gebraucht - im Sinne eines unbeweglichen Sachgutes nämlich.

Viele Verbraucher denken beim Wort "Immobilie" ausschließlich an die selbstgenutzte Immobilie.

Bei anderen Verbraucher geht es aber auch um das Thema Geldanlage. Immobilien bilden eine eigene Anlageklasse. Wer Geld in Immobilien anlegen will, kann dies grundsätzlich über offene Investmentfonds, geschlossene Fonds und börsengehandelte Immobilienunternehmen tun oder direkt ein Haus oder eine Wohnung erwerben und dieses vermieten. Je nach gewählter Art und Weise der Investition sind unterschiedliche Risiken mit der Geldanlage verbunden, über die sich Anleger im Vorfeld informieren sollten.

Inflation

Inflation bedeutet Geldentwertung. Das heißt, dass mit einem bestimmten Geldbetrag in einem Jahr weniger Waren gekauft werden können als heute.

Weil die Preise steigen, ist es somit weniger wert. Wie viel weniger gekauft werden kann, wird durch die Inflationsrate beschrieben. Berechnet wird diese durch das Statistische Bundesamt auf Basis eines bestimmten Warenkorbes und des zugehörigen Preisindex. Dieser ist der zentrale Indikator für die Entwicklung des Geldwertes.

Die Inflation ist ein wichtiges Thema für Anleger, denn durch sie sinkt die Rendite von Investitionen: Wer 4 Prozent Zinsen für eine Anlage erhält, dem bleibt bei 2 Prozent Inflation tatsächlich nur eine reale Rendite von 2 Prozent. Wer sein Geld zu einem Prozent Zinsen anlegt, macht real sogar einen Verlust, falls die Inflationsrate höher liegt.

Seit der Gründung der Bundesrepublik Deutschland lag die Inflation nur in Ausnahmesituationen über 4 Prozent, oft lag sie zum Teil deutlich darunter. Das Inflationsziel der Europäischen Zentralbank (EZB) liegt bei knapp 2 Prozent.

Investmentfonds

Wer nicht in Eigenregie einzelne Aktien oder bestimmte Anleihen kaufen möchte, kann stattdessen Anteile eines Investmentfonds erwerben. Die Investmentgesellschaft sammelt das Geld der Anleger und investiert es anhand des vorher festgelegten Ziels des Investmentfonds - zum Beispiel in Aktien, Renten oder Immobilien. Die Anlage kann auf eine bestimmte Region oder eine bestimmte Branche beschränkt sein. Ein Fonds kann aktiv durch einen Manager betreut werden oder passiv einen Index wie zum Beispiel den DAX nachbilden.

Vorteilhaft an Investmentfonds ist, dass die Gelder der Anleger als Sondervermögen bei einer externen Depotbank geführt werden. Falls die Investmentgesellschaft Insolvenz anmeldet, sind die Anteile der Anleger im Investmentfonds also nicht verloren. Investmentfonds ermöglichen es Anlegern, mit geringen monatlichen Sparraten, aber auch mit Einmalanlagen in Wertpapiere zu investieren.

Bei Investmentfonds gibt es die Chance auf Kursgewinne und das Risiko von Kursverlusten. Die Aufteilung der Anlegergelder auf unterschiedliche Wertpapiere reduziert grundsätzlich das Risiko. Nachteilig ist, dass die Anleger auf der Hauptversammlung kein Stimmrecht ausüben können. Dies übt die Investmentgesellschaft aus, ohne Rücksprache mit den Anlegern halten zu müssen. Ein weiterer wichtiger Aspekt sind die Kosten, weil diese die Rendite reduzieren. Bei aktiv gemanagten Fonds sind hier neben dem Ausgabeaufschlag beim Anteilskauf sind hier vor allem die Verwaltungsgebühr und eventuelle erfolgsabhängige Vergütungen (Performance Fees) zu nennen. Indexfonds (ETFs) haben oft eine günstigere Kostenstruktur.

Junk Bonds

Junk Bonds sind Wertpapiere, die auch High-Yields oder einfach nur Schrottanleihen genannt werden.

Wie der deutsche Name schon aussagt sind es Anleihen, die sich durch eine niedrige Bonität des Emittenten auszeichnen.

Für das Eingehen eines höheren Risikos erhalten die Käufer der Anleihe eine höhere Renditechance durch höhere Zinsen und/oder günstige Kaufkurse. Geht das Unternehmen insolvent, kann das Kapital vollständig verloren sein. Kommt das Unternehmen seinen Zahlungsverpflichtungen nach, sind überdurchschnittliche Renditen möglich. Grundsätzlich sind Junk Bonds eher etwas für spekulativ ausgerichtete Anleger.

Kapitalerhalt

Kapitalerhalt bedeutet, dass von dem eingezahlten Geld nichts verbraucht wird. Das Kapital bleibt unverändert.

Legen Sie Geld in einen Vertrag wie zum Beispiel einen Bankauszahlplan an, aus dem dann regelmäßig Geld entnommen werden soll, können Sie in der Regel zwischen den Optionen Kapitalerhalt und Kapitalverzehr wählen.

Kapitalerhalt bedeutet, dass von dem eingezahlten Geld nichts verbraucht wird. Das Kapital bleibt unverändert. Lediglich die entstandenen Erträge aus Zinsen werden an Sie ausgeschüttet. Auf diese Weise schafft man eine so genannte "ewige Rente". Das Kapital kann nach der Vertragslaufzeit wieder an Sie ausgezahlt werden oder geht im Todesfall an die Erben über.

Kapitalschutzzertifikat

Ein Kapitalschutzzertifikat ist ein Zertifikat, bei dem der Herausgeber (Emittent) die Rückzahlung des eingesetzten Kapitals am Ende der Laufzeit garantiert.

Oft werden Kapitalschutzzertifikate deshalb auch Garantiezertifikate genannt. Diese Garantie gilt aber nur für den Fall, dass der Emittent nicht während der Laufzeit des Zertifikates zahlungsunfähig wird und der Käufer das Zertifikat nicht vor dem Laufzeitende verkauft. Ferner ist zu berücksichtigen, dass die Qualität der Garantie letztlich vom Garantiegeber abhängt. Dieser muss in der Lage sein, eine gegebene Garantie auch einzuhalten.

Von dieser grundlegenden Eigenschaft abgesehen, sind Kapitalschutzzertifikate sehr unterschiedlich ausgestattet und teils schwierig zu durchschauen. Häufig ermöglichen Produkte dieses Typs über den Kapitalschutz hinaus eine begrenzte Teilhabe an der Entwicklung eines Wertes, auf den das Zertifikat sich bezieht, den so genannten Basiswert. Als Basiswert kommen Aktien und andere Wertpapiere, aber auch Börsenindizes in Frage.

Kapitalverzehr

Legen Sie Geld in einen Vertrag wie zum Beispiel einen Bankauszahlplan an, aus dem dann regelmäßig Geld entnommen werden soll, können Sie in der Regel zwischen den Optionen Kapitalerhalt und Kapitalverzehr wählen.

Kapitalverzehr bedeutet, dass mit jeder Auszahlung an Sie auch das verbleibende Kapital kleiner wird. Es werden die erwirtschafteten Zinsen und ein Teil des Kapitals ausgezahlt. Das führt dazu, dass zwar die Entnahme höher ausfallen kann, als wenn nur Zinsen ausgeschüttet werden. Dafür ist die Laufzeit automatisch zeitlich begrenzt, denn irgendwann ist das Kapital aufgebraucht.

Kredit

Man gewährt jemanden einen Kredit im Vertrauen darauf, dass nach Ablauf der Zeit die Rückzahlung des Nennwertes erfolgt. Im Regelfall wird zusätzlich noch ein Zins gezahlt. Wenn die Kreditvergabe im Rahmen eines schuldrechtlichen Vertrages geschieht, wird es Darlehen genannt.

Ob man einen Kredit aufnimmt, sollten sich Verbraucher stets gut überlegen. Im Regelfall sind die Sollzinsen für Kredite höher als die Guthabenzinsen für Spareinlagen.

Kredite sollten daher nur dann in Betracht gezogen werden, wenn nicht genug eigene, liquide Mittel zur Verfügung stehen und wenn die geplanten Ausgaben eine Investition darstellen.

Die eigene Immobilie oder der Aufbau einer beruflichen Existenz sind Beispiele für Investitionen. Dagegen fallen die Urlaubsreise oder der neue Luxusklassenwagen unter Konsum, den man sich aus eigenen Mitteln gerne leisten kann, nicht jedoch (vollständig) auf Kredit leisten sollte.

Kupon

Der Kupon gibt die Höhe der jährlichen Verzinsung einer Anleihe an. Er wird in der Regel in Prozent angegeben.

Historisch gesehen ist der Kupon der Teil des Wertpapiers, der zur Einlösung von Dividende und/oder Zins berechtigt. Früher wurde der Kupon vom Rest des Wertpapiers abgeschnitten und dann eingelöst. Heute werden Wertpapiere in der Girosammelverwahrung aufbewahrt. Daher hat der Kupon heute rein informativen Charakter.

Lebensversicherung

Die Lebensversicherung ist ein Versicherungsvertrag, der bei Eintreten eines bestimmten Ereignisses die Zahlung einer Leistung vorsieht.

Dies können zum Beispiel der Todesfall der versicherten Person oder das Erleben eines bestimmten Zeitpunkts wie des 65. Geburtstages sein. Zwei Formen der Lebensversicherung sind in Deutschland weit verbreitet: die Risikolebensversicherung und die Kapitallebensversicherung.

Die Risikolebensversicherung sichert ausschließlich das Leben der versicherten Person ab. Stirbt diese während der Vertragslaufzeit, erhält die begünstigte Person die vereinbarte Leistung. Dies ist besonders bei Familien wichtig, damit im Todesfall die Situation nicht durch finanzielle Sorgen zusätzlich belastet wird.

Die Kapitallebensversicherung kombiniert die Risikolebensversicherung mit einem Sparvertrag. Dies bedeutet, dass die vertragliche vereinbarte Leistung nicht nur beim Tod der versicherten Person ausbezahlt wird, sondern auch, wenn diese ein bestimmtes Alter erreicht. Damit ist die Kapitallebensversicherung Risikovorsorge und Instrument der Altersvorsorge zugleich. Denkbar ist sie zum Beispiel in klassischer Form mit einem Garantiezins auf den Sparanteil, aber auch als fondsgebundene Lebensversicherung.

Bei der Kapitallebensversicherung gibt es verschiedene Kritikpunkte. Zum einen gehört sie nicht zu den flexiblen und transparenten Produkten, insbesondere bei den erzielten Überschüssen. Aufgrund der zum Teil sehr langen Laufzeit existiert das Risiko, dass externe Änderungen (Krankheit, Arbeitslosigkeit, Scheidung oder andere) dazu führen, dass eine Kapitallebensversicherung nicht länger fortgeführt werden kann. Dann erhält der Verbraucher den Rückkaufswert ausbezahlt, der insbesondere in den ersten Jahren zum Teil deutlich kleiner ist als die gezahlten Beiträge. Zum anderen ist die Versicherung ein eher teures Produkt. Vom gezahlten Beitrag wird nur ein bestimmter Teil gespart, der andere Teil wird für Kosten benötigt. Hier sind insbesondere die Abschlusskosten zu nennen, die zu Beginn des Vertrages zu entrichten sind und für die geringen Rückkaufswerte in den ersten Jahren sorgen.

Leibrente

Die Leibrente ist eine Rente, die lebenslang ausgezahlt wird. Dazu gehören beispielsweise die gesetzliche Rente, die Riester-Rente, die Rürup-Rente und die Rente aus einer betrieblichen Altersvorsorge, aber auch private Rentenversicherungen.

Liquidität

Eine Person oder ein Unternehmen ist liquide, wenn sie (oder es) zu jeder Zeit allen offenen Zahlungsverpflichtungen nachkommen kann. Oder einfach gesagt, wenn man in der Lage ist, alle Rechnungen pünktlich zu bezahlen.

Wer dies nicht kann, der ist nicht liquide. Das heißt nicht, dass er ohne Vermögen ist. Aber die schönste Immobilie und der renditestärkste Sparbrief mit einer festen Laufzeit helfen nichts, wenn eine Steuernachzahlung kommt oder das Auto repariert werden muss.

Für solche Fälle sollte man ausreichende liquide Mittel zur Verfügung haben. Beispielsweise auf dem Giro- oder dem Tagesgeldkonto. Anderes Vermögen kann man nur über Umwege - oft verbunden mit hohen Kosten - schnell zu Geld machen. Je nach Produkt kann dies zum Beispiel durch eine Kündigung, einen Verkauf unter Wert, eine Darlehensaufnahme oder eine Verpfändung geschehen.

Liquiditätsrating

Anleihen werden oft mit einem sogenannten Liquiditätsrating (kurz: LiRa) versehen.

An der Düsseldorfer Börse gibt es zum Beispiel ein solches Liquiditätsrating in mehreren Stufen. In den einzelnen Stufen gibt es unterschiedliche Höhen des Garantievolumens. Auch die Höhe des Spreads, also der Unterschied zwischen dem Preis bei Verkäufen und dem Preis bei Käufen (Geld-Brief-Spanne) variiert in den einzelnen Stufen. Bei LiRa1 ist das Garantievolumen besonders hoch und der Spread sehr gering. Je höher die Stufe ist, desto schlechter sind die Rahmenbedingungen.

Liquiditätsreserve

Liquiditätsreserve bedeutet, dass ein gewisser Geldbetrag so angelegt wird, dass man über ihn jederzeit frei verfügen kann.

Unvorhergesehene Ausgaben kommen immer wieder vor. Das Auto muss repariert werden, der Fernseher geht kaputt, der Zahnarzt setzt eine Krone oder ein Implantat ein und vieles mehr.

Richtig ärgerlich ist es, wenn kein Geld vorhanden ist, mit dem zeitnah die Rechnungen bezahlt werden können. Daher sollte jeder Verbraucher eine Liquiditätsreserve haben.

Als Faustformel gilt, dass die Reserve drei Nettogehälter betragen sollte; idealerweise sollte sie nicht unter 5.000 Euro liegen. Als Reserve eignet sich besonders ein Tagesgeldkonto. Anlageformen wie Aktien oder Investmentfonds, bei denen es Kursschwankungen gibt, sind als Liquiditätsreserve nicht geeignet. Sinn der Liquiditätsreserve ist es, zu verhindern, im Ernstfall ein teures Darlehen aufnehmen oder eine Geldanlage mit Kursverlusten verkaufen zu müssen.

Magisches Dreieck

Das magische Dreieck Jeder Eckpunkt des Dreiecks repräsentiert eines der grundlegenden Ziele Sicherheit, Rendite (Rentabilität) und Liquidität.

Diese drei Grundziele der Geldanlage sind nie gleichzeitig zu haben. Sie können maximal zwei der Ziele miteinander kombinieren. das geht jedoch immer auf Kosten des dritten Grundzieles. Das bedeutet zum Beispiel, dass Sie mit einer hohen Rendite-Erwartung und dem Wunsch nach Liquidität niemals gleichzeitig volle Sicherheit haben können. Auch die ständige Verfügbarkeit des Kapitals (also maximale Liquidität) muss in der Regel mit Verzicht auf Rendite oder Sicherheit erkauft werden.

MSCI

MSCI ist die Abkürzung für Morgan Stanley Capital International.

Das Tochterunternehmen der amerikanischen Bank Morgan Stanley bietet Aktienindizes an, die auf der ganzen Welt als Grundlage für die Messung der Entwicklung der Aktienmärkte genommen werden. Der wichtigste unter den Indizes ist der MSCI World, der die Aktienmärkte von 23 Ländern der entwickelten Welt abbildet. Er wird ergänzt durch den Index MSCI Emerging Markets, der die Entwicklung der Aktienmärkte in 23 Schwellenländern misst. Daneben gibt es zahlreiche Indizes für einzelne Länder (MSCI USA, MSCI Japan) und Regionen (MSCI Europe, MSCI North America).

Nachfrage

In einer Marktwirtschaft bestimmen Nachfrage und Angebot, zu welchem Preis ein Gut (oder eine Dienstleistung) angeboten wird - und welche Menge zur Verfügung gestellt wird.

Dabei gilt im Regelfall: Je höher die Nachfrage ist, desto höher ist der Preis. Entweder, wenn neue Personen hinzukommen, die ein bestimmtes Gut haben wollen, oder wenn sich zwar die Zahl der Personen nicht ändert, die Menschen aber mehr von diesem Gut haben wollen.

Wenn die Nachfrage steigt - egal aus welchem Grund-, können die Anbieter diese höhere Nachfrage nicht sofort befriedigen. Das Angebot muss erweitert werden, Kapazitäten ausgebaut werden, Arbeitskräfte eingestellt und qualifiziert werden. Dies ist nicht in jedem Fall kurzfristig über die Menge möglich - daher geschieht eine Anpassung über den Preis. Da es mehr Menschen gibt, die dieses Gut haben wollen, erhöhen die Unternehmen den Preis.

Der höhere Preis für das Gut macht es für Unternehmer interessant, mehr von dem Gut zu produzieren. Einige Nachfrager wollen oder können sich den höheren Preis nicht leisten und verzichten auf dieses Gut. Der Prozess geht so lange, bis es ein neues Marktgleichgewicht gibt - mit einem höheren Marktpreis als vorher. Wenn mehr Verbraucher beispielsweise eine Honorarberatung wünschen, wird der Preis also - zumindest erst einmal - steigen.

Das Prinzip funktioniert im Prinzip genauso bei geringer werdender Nachfrage: Diese führt im Regelfall aber zu sinkenden Preisen. Das Gut ist nicht mehr so gefragt, die

Unternehmen wussten das aber nicht rechtzeitig und haben zu viel produziert. Die Lager sind voll, die Kapazitäten zu hoch. Also werden Unternehmen die Preise senken, um die Waren loszuwerden. Der geringere Preis macht das Gut für einzelne zusätzliche Nachfrager wieder interessant, Unternehmen fahren die Produktion zurück, bis sich auch hier ein neues Gleichgewicht ergibt - mit einem geringeren Marktpreis als vorher. Wenn keine Kredite mehr nachgefragt werden, sinken die Sollzinsen.

In der Realität wird das Prinzip der Preisbildung von Angebot und Nachfrage von vielen weiteren Faktoren beeinflusst. Können Nachfrager ohne (größere) Probleme auf ein anderes Gut ausweichen und so höhere Preise umgehen? Der Wechsel von einem Tagesgeldkonto auf ein anderes ist möglicherweise leichter zu bewerkstelligen als beim Auto der Wechsel von Benzin auf Erdgas. Wie viele Anbieter gibt es? Beim Kauf einer Aktie haben Verbraucher mehr Auswahl als bei der Wahl des Betriebssystems für den Computer. Wenn es nur wenige Anbieter gibt, drohen Preisabsprachen. Gibt es nur einen Anbieter, bestimmt dieser den Monopolpreis.

Nennwert

Der Nennwert gibt den gesetzlichen Wert des Wertpapiers an.

Einige Wertpapiere haben einen Nennwert, wie zum Beispiel Anleihen, manchmal aber auch Aktien. Bei Anleihen hat der Anleger das Recht auf Rückzahlung am Fälligkeitstag - sofern die Vertragsbedingungen nicht etwas anderes vorsehen. Bei einem vorzeitigen Verkauf hängt der Verkaufspreis vom Nennwert und dem Wertpapierkurs ab, bei einer Anleihe in Fremdwährung auch noch vom Devisenkurs.

Bei Aktien ist der Nennwert heute eher unüblich, da jede Stückaktie einem bestimmten Anteil am Grundkapital der Unternehmung entspricht. Früher war die Angabe des Nennwerts auch bei Aktien üblich. Verschiedene Aktien eines Unternehmens konnten unterschiedliche Nennwerte haben, zum Beispiel 50-DM-Aktien und 500-DM-Aktien. Deshalb war der Anteil am Grundkapital des Unternehmens nicht immer gleich. Bei Aktien ist der Nennwert der Aktie nicht mit dem Emissionskurs zu verwechseln. Der Nennwert bestimmt den Anteil am Grundkapital der Gesellschaft. Mit dem Emissionskurs wird die Aktie den Anlegern erstmals angeboten. Nach der Emission können Anleger den Wertpapierkurs an der Börse bezahlen, um eine Aktie zu kaufen.

Offene Immobilienfonds

Wer Anteile an einem Offenen Immobilienfonds kauft, hofft auf Erträge aus Mieteinnahmen und Wertsteigerungen der Immobilien.

Von der Grundidee sollen solche Fonds ewig laufen. Demgemäß werden – neben der Verwaltung der Immobilien im Bestand – immer wieder Immobilien verkauft und neue hinzugekauft. Anleger können durch den Kauf von Fondsanteilen in einen bereits laufende Fonds einsteigen. Ebenso können sie aus dem Fonds wieder aussteigen, indem sie ihre Anteile an die Fondsgesellschaft zurückgeben. Dabei sind gewisse Fristen, insbesondere die 24-monatige Mindesthaltefrist zu beachten.

Offene Immobilienfonds galten lange Zeit als relativ risikoarme Geldanlage. Allerdings unterliegen auch sie Kursschwankungen. Zudem gerieten im Zuge der Finanzkrise des Jahres 2008 viele dieser Fonds unter Druck, weil die Anleger massenweise Gelder aus ihnen abzogen. Um nicht zu Notverkäufen von Immobilien gezwungen zu werden, setzten einige Offene Immobilienfonds die Anteilsrücknahme aus. In diesem Fall spricht man von einer Fondsschließung. Betroffene Anleger konnten ihre Fondsanteile nur noch über die Börse verkaufen und machten dabei Verluste. Einige der in der Krise unter Druck geratenen Fonds wurden in der Folge aufgelöst oder fusioniert.

Offene Immobilienfonds dürfen nicht mit geschlossenen Immobilienfonds verwechselt werden. Bei geschlossenen Fonds geht es um die Investition in ein konkretes Projekt, etwa den Erwerb und Betrieb einer Gewerbeimmobilie. Hierzu wird das erforderliche Geld bei Anlegern eingesammelt; danach wird mit der Umsetzung begonnen. Ist der erforderliche Betrag beisammen, werden keine weiteren Gelder mehr eingesammelt. Der Fonds wird also "geschlossen". Da es sich um eine unternehmerische Beteiligung handelt, droht im schlimmsten Fall ein Totalverlust des angelegten Geldes.

Option

Eine Option ist ein Recht, das man ausüben darf. Der Besitzer einer solchen Option darf zu einem bestimmten Zeitpunkt - oder innerhalb eines bestimmten Zeitraums - ein Wertpapier (ver-)kaufen.

Das Besondere an der Option ist, dass der Preis für das Wertpapier (der Basiswert) im Vorfeld festgelegt wird. So hat man zum Beispiel das Recht, innerhalb der nächsten drei Monate die Aktie A zum Preis von 100 Euro zu kaufen oder am letzten Tag des Monats die Aktie B zum Preis von 75 Euro zu verkaufen.

Für dieses Recht zahlt der Besitzer Geld: die Optionsprämie an den Vertragspartner, der auch Stillhalter genannt wird. Eine Option ist sehr riskant, da der Totalverlust der Optionsprämie droht, wenn die Börse sich anders entwickelt als erwartet. Dagegen ist eine hohe Rendite möglich, wenn sich die Börse in die vom Anleger erhoffte Richtung entwickelt.

Optionen werden aber nicht nur zur Spekulation verwendet. Sie dienen in vielen Fällen zur Absicherung von Risiken. Wer in Zukunft eine bestimmte Menge Rohstoffe benötigt oder Geld in Fremdwährung erhält, der ist oft bereit, die Optionsprämie zu bezahlen, um eine verlässliche Planungsgrundlage zu erhalten.

Performance Fee

Bei einigen Geldanlagen fällt eine zusätzliche Gebühr an, wenn die Gesellschaft das vereinbarte Ziel nicht nur erreicht, sondern sogar übertrifft.

Schneidet beispielsweise ein Fonds in der Entwicklung besser ab als ein Vergleichsindex, fällt ein erfolgsabhängige Vergütung an. Schneidet der Fonds besser ab als der Vergleichsindex, könnte eine solche Performance Fee beispielsweise 25 Prozent betragen. Beträgt der der Vergleichsindex vier Prozent und die Leistung des Fonds sechs Prozent, behält die Gesellschaft also 0,5 Prozentpunkte (25 Prozent von der Differenz) ein. Wird das Ziel nicht erreicht, fällt auch keine Performance Fee an. Es kann auch passieren, dass eine Performance Fee anfällt, obwohl der Fonds Verluste realisiert hat - wenn nämlich der Vergleichsindex noch schlechter abgeschnitten hat.

Pfandbrief

Der Pfandbrief ist eine Schuldverschreibung, deren zusätzliche Sicherheit neben der Bonität des Emittenten in der sogenannten Deckungsmasse besteht.

Diese besteht aus den grundpfandrechtlich besicherten Forderungen. Während der Laufzeit erhält der Besitzer der Anleihe die vereinbarten Zinsen. Am Ende der Laufzeit erhält er den Nennwert zurück.

Bei einem vorzeitigen Verkauf an der Börse erhält er den Kurswert. Dann sind Kursgewinne, aber auch Kursverluste möglich. Falls der Herausgeber des Pfandbriefs am Ende der Laufzeit insolvent ist, erhält der Anleger seine Gelder (ggfs. anteilig) aus der Deckungsmasse, so dass es zumindest nicht zu einem Totalverlust kommt.

Provision

Als Provision bezeichnet man eine zulässige Vergütung in prozentualer Form am Umsatz, die für die Besorgung oder Vermittlung eines Handelsgeschäftes anfällt.

Die Provision kann einmalig bei Vermittlung, aber auch fortlaufend bei der Verwaltung von Verträgen anfallen. Nicht zulässig sind sogenannte versteckte Rückvergütungen ("Kick-backs"). Hierbei handelt es sich um Zahlungen aus offen ausgewiesenen Provisionen, die ohne Wissen des Anlegers "hinter seinem Rücken" an die vermittelnde Bank gezahlt werden.

Put

Der Käufer einer Put-Option hat das Recht, innerhalb eines bestimmten Zeitraums - oder zu einem bestimmten Zeitpunkt - zum Beispiel eine Aktie zu einem vorher festgelegten Preis zu verkaufen.

Der Verkäufer der Option (Stillhalter) ist verpflichtet, die Aktie zu diesem Preis zu kaufen. Der Käufer der Put-Option wettet also auf fallende Kurse, der Verkäufer geht nicht davon aus. Wenn die Kurse steigen, verliert der Käufer die gezahlte Optionsprämie, die gleichzeitig den Gewinn für den Verkäufer bedeutet. Fallen die Kurse, macht der Käufer der Put-Option dagegen Gewinn.

Rechenbeispiel: Der Käufer erwirbt gegen eine Zahlung von 5 Euro das Recht, innerhalb der nächsten drei Monate eine Aktie, die gegenwärtig bei 100 Euro steht, zum Preis von 80 Euro zu verkaufen. Fällt der Kurs auf 50 Euro, nutzt der Besitzer die Option und macht 25 Euro Gewinn (80-50-5). Statt die Aktie für 50 Euro an der Börse zu verkaufen, verkauft er sie lieber seinem Vertragspartner für 80 Euro. Unter Berücksichtigung der Optionsprämie bleibt somit ein Gewinn von 25 Euro.

Steigt die Aktie dagegen auf 150 Euro, ist die Optionsprämie verloren. Warum sollte er auch jemanden die Aktie für 80 Euro verkaufen, wenn er an der Börse 150 Euro bekommen kann? Bei diesem Beispiel macht der Käufer letztlich einen Gewinn, wenn der Kurs unter 75 Euro liegt. Liegt der Kurs zwischen 75 und 80 Euro, übt er die Option aus, damit der Verlust der gezahlten Optionsprämie durch den erzielten Kursgewinn verringert wird. Bei einem Kurs von 80 oder mehr übt der

Käufer das Recht nicht aus und realisiert einen Verlust in Höhe der gezahlten Optionsprämie.

Quellensteuer

Die Quellensteuer wird direkt an der Quelle erhoben, an der Einkünfte entstehen. Banken führen beispielsweise die Abgeltungssteuer bei Zinseinkünften, Dividendenzahlungen oder Kursgewinnen ab.

Wichtig ist der Begriff bei Einkünften, die im Ausland entstehen. Hier ist zu prüfen, ob ein sogenanntes Doppelbesteuerungsabkommen der Bundesrepublik Deutschland mit dem betreffenden Staat besteht. Falls dies so ist, müssen die Erträge nämlich nicht zweimal versteuert werden, da in Deutschland - wenigstens zum Teil - eine Anrechnung stattfindet. Andernfalls müsste auf diese Einkünfte Quellensteuer beim ausländischen Staat gezahlt werden - und trotzdem wären diese in Deutschland steuerpflichtiges Einkommen.

Rendite

Die Rendite setzt die Erträge, die eine Geldanlage erwirtschaftet, in Verhältnis zum eingesetzten Kapital.

Kosten werden ebenfalls berücksichtigt und reduzieren die Rendite. Auch wenn sich dieses Grundprinzip relativ einfach anhört, existieren in der Praxis doch viele verschiedene Definitionen und Varianten des Begriffs Rendite: Bruttorendite, Nettorendite, Dividendenrendite, Effektivrendite, Rendite eines Wertpapiers und viele Andere.

Das Grundprinzip ist dagegen tatsächlich sehr einfach nachzuvollziehen. Nehmen Sie an, Sie haben am 1. Januar eines Jahres zwei Geldanlagen getätigt, eine über 1.000 Euro und eine über 1.500 Euro. Beide erwirtschaften bis zum 31. Dezember des gleichen Jahres einen Gewinn von 50 Euro. Welche Geldanlage hat die höhere Rendite? Da der Gewinn von 50 Euro identisch ist, hat die Geldanlage die höhere Rendite, bei der Sie weniger Kapital eingesetzt haben.

Rendite Geldanlage A:

Anlagebetrag: 1.000 Euro

Gewinn: 50 Euro

Rendite: 50 / 1.000 * 100 = 5 Prozent

Rendite Geldanlage B:

Anlagebetrag: 1.500 Euro

Gewinn: 50 Euro

Rendite: 50 / 1.500 * 100 = 3,3 Prozent

Geldanlage A hat also mit 5 Prozent die höhere Rendite als Geldanlage B, die lediglich 3,3 Prozent erreicht. Unter dem Aspekt der Rentabilität, also dem Vergleich der Renditen unterschiedlicher Alternativen, ist Geldanlage A also die vorteilhaftere.

Rentenfonds

Ein Rentenfonds ist ein Investmentfonds, der ausschließlich oder überwiegend in börsengehandelte Schuldverschreibungen investiert.

Rentenfonds haben nichts mit der gesetzlichen Rentenversicherung zu tun, denn der Begriff "Rente" bezieht sich auf die althergebrachte Bezeichnung von börsengehandelten Schuldverschreibungen, die man eben auch als Renten bezeichnet. Mit einer Schuldverschreibung geben Sie – vereinfacht gesagt - dem Aussteller ein Darlehen und erhalten am Ende den geliehenen Betrag zuzüglich eines Zinses zurück.

Nach Liquidität des Ausstellers ist dies mehr oder weniger risikoreich. Entsprechend ist auch das Risiko bei einem Rentenfonds zu beurteilen. Investiert er in eher risikoreiche Schuldverschreibungen, ist er selber auch eher als risikoreich einzustufen.

Rentengarantiezeit

Beim Abschluss einer privaten Rentenversicherung können Sie in der Regel für die Hinterbliebenen eine Rentengarantiezeit vereinbaren. Grundsätzlich ist bei Leibrenten eine Rentenzahlung bis zum Tod gewährleistet.

Verstirbt der Rentner, wird aber an die Hinterbliebenen weiter Rente gezahlt, wenn eine Rentengarantiezeit vereinbart ist. Die Rentengarantiezeit gibt an, wie lange auf jeden Fall die vereinbarte Rentenzahlung geleistet werden, auch wenn der eigentliche Vertragsinhaber vorzeitig verstirbt. Bis zum Ende dieser Zeit ist also auch bei vorzeitigem Tod des Rentners eine Zahlung garantiert. Eine solche Rentengarantiezeit kann beispielsweise fünf oder zehn Jahre betragen, es gibt aber bei unterschiedlichen Versicherern verschiedene Möglichkeiten.

Angenommen ein Rentner bekommt mit 65 Jahren Rente und hat eine Rentengarantiezeit von 10 Jahren vereinbart. Falls der Rentner mit 71 Jahren stirbt, hat er bis dahin für sechs Jahre Rentenzahlungen erhalten. Dann bekommt die berechtigte Person aufgrund der vereinbarten Rentengarantiezeit von zehn Jahren noch vier weitere Jahre die Rente ausbezahlt.

Risiko

Risiko bedeutet, dass mit einer bestimmten Wahrscheinlichkeit ein Ereignis eintritt, aufgrund dessen ein Verlust entsteht.

Anleger sind unterschiedlichen Risiken ausgesetzt: zum Beispiel dem Emittentenrisiko, dass die Geldanlage wegen Insolvenz nicht zurückgezahlt wird. Oder dem Kursrisiko, falls das Wertpapier an der Börse gehandelt wird. Dem Währungsrisiko bei einer Geldanlage in Fremdwährung. Dem Inflationsrisiko, dass die Kaufkraft der Geldanlage geringer wird. Oder dem Zinsänderungsrisiko, wenn der Zins nicht für die gesamte Laufzeit garantiert ist. Anleger haben die Chance auf zusätzliche Erträge, aber auch das Risiko eines (Total-)Verlustes. Das Maß an Risiko, das Anleger eingehen, hängt neben dem Informationsstand auch davon ab, ob sie risikoscheu, risikoneutral oder risikofreudig sind. Um Risiken zu minimieren stehen Mittel wie zum Beispiel die Diversifikation zur Verfügung.

Anleger, auch risikoscheue, treffen Entscheidungen unter einem Informationsdefizit. Man kennt oft nicht alle relevanten, aktuellen Informationen. Wer kennt zum Beispiel die Festgeldkonditionen aller Banken? Die Bilanzen aller Unternehmen? Oder die Programme der politischen Parteien?

Dazu kommt, dass Prognosen der zukünftigen Entwicklung nur unter Unsicherheit getroffen werden können. Ist der Euro in zehn Jahren Weltleitwährung? Oder gibt es ihn vielleicht gar nicht mehr? Welche Unternehmen werden im DAX sein? Wird der DAX bis dahin durch einen anderen Index abgelöst? Wie entwickelt sich die Inflation? Oder bekommen wir irgendwann eine Deflation?

Sämtliche Risiken auszuschließen, ist daher fast unmöglich.

Rohstoff

Beispiel für Rohstoffe sind Getreide, Holz, Öl oder Kohle.

Im Bereich der Geldanlage bilden Rohstoffe eine eigene Anlageklasse. Verbraucher können beispielsweise über Zertifikate, Aktien, Fonds oder ETCs (Exchange Traded Commodities) in diese Anlageklasse investieren. ETCs sind börsengehandelte Schuldverschreibungen, die in die Anlageklasse Rohstoffe investieren

Investitionen in die Anlageklasse Rohstoffe sind mit Risiken versehen. Die Kurse schwanken häufig stark. Rohstoffe werden oft auch als Spekulationsobjekt gesehen, und es wird auf steigende oder fallende Kurse "gewettet".

Je nach den Zielen und der Risikoeinstellung des einzelnen Verbrauchers kann es sinnvoll sein, die Anlageklasse Rohstoffe als Beimischung beim Vermögensaufbau mit einzubeziehen. Unternehmer nutzen oft Termingeschäfte, um auf einer sicheren Grundlage kalkulieren zu können.

Rohstofffonds

Mit Rohstofffonds können sich Anleger an der Entwicklung der globalen Rohstoffmärkte beteiligen.

Sie bilden die Entwicklung von verschiedenen Rohstoffen mit Hilfe von Termingeschäften und Swaps nach. Es gibt auch spezielle Aktienfonds, die in Rohstoffe investieren.

Schwellenland

Als Schwellenland bezeichnet man ein Land, das kein Entwicklungsland mehr ist, aber auch noch nicht zu den vollständig industrialisierten Ländern zählt.

Schwellenländer zeichnen sich häufig durch überdurchschnittliches Wirtschaftswachstum und unterdurchschnittliche Lohnkosten im Vergleich zu den Industrieländern aus.

Wenn es um Geldanlage und die Börse geht, wird für Schwellenländer oft der englische Begriff Emerging Markets gebraucht. Investitionen in Aktien und Anleihen aus Schwellenländern bieten oft hohe Gewinnaussichten. Hohe Gewinnaussichten bedeuten aber auch ein entsprechend höheres Risiko, sodass auch Verluste möglich sind. Je nach Produktklasse und Land kann im schlimmsten Fall auch ein Totalverlust möglich sein.

Sofort beginnende Rentenversicherung

Sofort beginnende Rentenversicherungen, auch Sofortrenten genannt, werden von Versicherungsunternehmen angeboten und garantieren nach einmaliger Einzahlung eine lebenslange Rente (Leibrente). Sie bekommen jeden Monat einen festgelegten Betrag als Rente, ganz gleich wie alt Sie werden. Sofortrenten eignen sich auf Grund der hohen Planungssicherheit besonders für Menschen, die keine oder nur wenig gesetzliche oder betriebliche Rente zu erwarten haben und auch sonst nicht weiter vorgesorgt haben.

Stirbt der Rentennehmer kurz nach Beginn des Vetrages, so wird sein eingezahltes Kapital nicht an die Erben zurückerstattet. Ausnahmen sind Verträge, in denen eine bestimmte Rentengarantiezeit vereinbart wurde.

Auszahlungen aus sofort beginnenden Rentenverträgen müssen versteuert werden. In welcher Höhe, hängt vom Alter ab, ab dem Sie die Rente beziehen wollen. Zu versteuern ist nur der so genannte Ertragsanteil, also der Teil, den Ihr Kapital erwirtschaftet. Dafür gelten die in nachfolgender Liste angegebenen Prozentsätze (§ 22 Einkommenssteuergesetz).

55 Jahre: 26%

60 Jahre: 22%

65 Jahre: 18%

70 Jahre: 15%

75 Jahre: 11%

Beispielsweise erhalten Sie ab 65 Jahren eine Sofortrente von 1000 Euro im Monat. Davon sind nur 18 Prozent, also 180 Euro, zu versteuern. Nehmen wir einen persönlichen Steuersatz von 25 Prozent an, so müssen Sie nur 25 Prozent von 180 Euro an den Fiskus abführen. Das wären 45 Euro.

Sparplan

Ein Sparplan, etwa in Form eines Bank- oder Fondssparplans, dient dem Vermögensaufbau. Meistens wird monatlich ein fester Betrag gespart; grundsätzlich sind aber auch zusätzlich einmalige Anlagen oder variierende Beträge möglich.

Die Entwicklung eines Banksparplans hängt von den jeweiligen Vertragsbedingungen ab, die je nach Bank stark variieren können:

Der Zins kann fest oder variabel sein.
Bei einem variablem Zins, passt sich der Zins an das aktuelle Zinsniveau an.
Bei einem festgeschriebenen Zinssatz, ist genau vorhersehbar, welcher Betrag am Ende der Laufzeit zur Verfügung steht.
Der Zins kann aus Grundverzinsung und Bonuszins bestehen.
Die Geldanlage kann vorzeitig verfügbar sein (Kündigungsfrist beachten!)
Die Zinsen können ausgezahlt oder wieder angelegt werden (Zinseszinseffekt).

Wer bereit ist, Risiken einzugehen, kann statt eines Banksparplans auch einen Fondssparplan abschließen.

Verbraucher, die sich für einen Bank- oder Fondssparplan entscheiden, sollten einen wählen, der zu ihren Zielen passt. Sie sollten sich nicht von schönen Zahlen blenden lassen, sondern einzig auf Rendite, Sicherheit und Verfügbarkeit achten.

Gerne versuchen Banken ein Produkt mit einer unattraktiven Rendite durch die Hervorhebung von einzelnen Werten wie dem Bonuszins interessant zu machen.

Beispiel:

Ein Verbraucher zahlt im Jahr 600 Euro in einen Sparvertrag ein, also 50 Euro pro Monat. Der Sparplan verspricht dem Verbraucher einen Bonuszins von 20 Prozent auf die in diesem Jahr eingezahlten Sparbeiträge, wenn das Kapital im Sparvertrag höher ist als die zwanzigfache jährliche Sparleistung. In verständlichere Worte übersetzt: wenn das Kapital mindestens 12.000 Euro (600 x 20) beträgt.

Auf die 600 in diesem Jahr eingezahlten Euro gibt es dann zusätzlich zur normalen Verzinsung einen Bonus in Höhe von 120 Euro (600 x 20/100). So schön dieser Bonus auch ist - das Kapital in Höhe von 12.000 Euro wird nur normal verzinst. Und wenn dieser Zinssatz nur 0,1 Prozent beträgt, bekommen Sie auf diese 12.000 Euro Kapital auch nur 12 Euro Zinsen. Trotz der scheinbar hohen Bonuszahlung ist es um die Rendite insgesamt also nicht gut bestellt.

Swap

Swap ist das englische Wort für Tausch. Im Wirtschaftsleben bezeichnet ein Swap eine Vereinbarung zwischen zwei Vertragspartnern zum Austausch von Zahlungsströmen in der Zukunft.

So wird bei einem Devisenswap eine Währung gekauft und gleichzeitig der Rückkauf in der Zukunft vereinbart. Bei einem Credit Default Swap (Kreditausfall-Tauschgeschäft) zahlt ein Vertragspartner eine regelmäßige Gebühr an seinen Gegenpart. Dafür erhält er eine Ausgleichszahlung, falls ein im Vertrag bestimmter Schuldner zahlungsunfähig wird. Viele börsengehandelte Indexfonds (ETFs) nutzen Index-Swaps: Sie tauschen die Wertentwicklung eines von ihnen gehaltenen Wertpapierkorbes gegen die Wertentwicklung eines im Swap-Vertrag festgelegten Index.

Synthetische Replikation

Die synthetische (künstliche) Replikation ist ein Verfahren, das börsengehandelte Indexfonds (ETFs) nutzen, um einen Börsenindex nachzubilden.

Es dient dazu, einen Index abzubilden, ohne die Wertpapiere tatsächlich zu besitzen, die in dem Index enthalten sind. In der Praxis bedeutet das: Ein ETF, der den deutschen Leitindex DAX abbildet, muss keine einzige Aktie besitzen, die im DAX enthalten ist. Er kann zum Beispiel komplett aus japanischen Aktien bestehen.

Wie schafft er es dann aber, die Entwicklung des DAX nachzuvollziehen? Dazu dient der so genannte Swap. Das ist eine Vereinbarung, die der ETF mit einer Bank abschließt - meist mit der Muttergesellschaft des Fondsanbieters. Durch diese Vereinbarung garantiert der Vertragspartner dem Fonds zu jeder Zeit die Wertentwicklung des abzubildenden Index. Und dafür erhält er die Wertentwicklung des Wertpapierkorbes, den der Fonds tatsächlich besitzt. Ein Swap ist also letztlich ein Tausch - und das ist auch die deutsche Bedeutung des englischen Wortes "Swap".

Die synthetische Replikation soll die Kosten der Indexabbildung senken. Doch die Methode hat auch Nachteile. Einer ist, dass das komplizierte Verfahren nur schwer verständlich ist und viele Anleger daher misstrauisch gegenüber synthetisch replizierenden ETFs sind. Ein weiterer Nachteil ist, dass der Swap-Vertragspartner zahlungsunfähig werden könnte - und in diesem Fall kann ein Teil des Fondsvermögens verloren gehen. Dieser Teil ist aber durch rechtliche Vorgaben auf höchstens zehn Prozent des Fondsvermögens begrenzt. Zudem versuchen die Fondsgesellschaften das Risiko weiter zu begrenzen, indem für die Swap-Vereinbarungen Sicherheiten hinterlegt werden.

Tagesgeldkonto

Tagesgeldkonten bieten in der Regel höhere Zinsen als Girokonten. Ebenso wie bei Girokonten kann man jederzeit - nämlich täglich - über sein Geld verfügen.

Daher eignen sie sich besonders für das Anlegen einer Liquiditätsreserve. Im Gegensatz zum Girokonto sind Tagesgeldkonten allerdings nicht zum Zahlungsverkehr geeignet.

Die Höhe der Zinsen auf Tagesgeldkonten variiert. Zum einen orientieren sich Geldinstitute am marktüblichen Zins. Dieser wird über geldpolitische Maßnahmen unter anderem vom Leitzins der Europäischen Zentralbank bestimmt. Daran orientieren sich Ober- und Untergrenzen von Bankzinsen normalerweise. Zum anderen werden gerade überdurchschnittlich hohe Zinsen von manchen Instituten nur einen kurzen Zeitraum garantiert. Danach kann die Verzinsung angepasst werden, je nach Marktlage.

Die Höhe der Zinsen sollte idealerweise ausreichen, um die Kaufkraft des angelegten Geldes zu erhalten, also die Inflation auszugleichen. Ist die Inflationsrate niedrig und die Zinsen hoch, erwirtschaftet das Geld auch auf einem Tagesgeldkonto noch etwas Rendite darüber hinaus. Ist es umkehrt, verliert das Geld real an Wert.

Bei der Anlage eines Tagesgeldkonten ist vor allem darauf zu achten, dass es sich um ein Institut handelt, das der deutschen gesetzlichen Einlagensicherung oder einer vergleichbaren Institutssicherung unterliegt. Diese garantiert die Sicherheit des angelegten Geldes bis zur Höchstgrenze von 100.000 Euro pro

Person auch für den Fall, dass das Institut insolvent werden sollte. Falls für die Bank die Einlagensicherung eines anderes Landes gilt, sollten Anleger prüfen, ob die Sicherheit als gleichwertig zur deutschen gesetzlichen Einlagensicherung angesehen werden kann.

Thesaurierung

Thesaurierende Fonds legen Erträge aus Wertpapieren wieder an. Durch diese Thesaurierung erhöht sich der Wert eines einzelnen Fondsanteils dauerhaft.

Investmentfonds fließen im Laufe eines Jahres Erträge aus den Wertpapieren zu, die sie besitzen: Aktienfonds erhalten Dividenden für ihre Aktien, Rentenfonds Zinszahlungen für ihre Anleihen. Und Offene Immobilienfonds haben Mieteinnahmen. Thesaurierende Fonds legen diese Erträge wieder an. Durch diese Thesaurierung erhöht sich der Wert eines einzelnen Fondsanteils dauerhaft.

Das Gegenstück zu thesaurierenden Fonds sind ausschüttende Fonds. Diese schütten ihre Erträge ein- oder mehrmals im Jahr an ihre Anteilseigner aus.

Total Expense Ratio (TER)

Die englische Bezeichnung Total Expense Ratio (TER) für die Gesamtkostenquote eines Investmentfonds ist auch in Deutschland üblich.

Die Kennzahl soll Anlegern helfen zu verstehen, welche Kosten tatsächlich mit der Geldanlage in einem Fonds verbunden sind.

Die Bezeichnung Gesamtkostenquote ist aber irreführend. Tatsächlich sind zwar einige Kosten wie zum Beispiel die Verwaltungsgebühr enthalten, nicht aber sämtliche Kosten, die für Fonds anfallen. Unter anderem fehlen erfolgsabhängige Gebühren (Performance Fees)und Ausgabeaufschläge.

Tracking Error

Der Tracking Error (Abbildungs-Fehler) ist ein Maß für die Abweichung eines Indexfonds und Indexzertifikaten von dem Index, den sie abbilden.

Die Wertentwicklung eines ETFs auf den europäischen Leitindex Euro Stoxx 50 zum Beispiel gleicht im Idealfall exakt der Wertentwicklung des Euro Stoxx 50 selbst. In der Realität fallen bei einem ETF aber verschiedene Kosten an, die bei der Berechnung des Euro Stoxx 50 nicht berücksichtigt werden. Dazu gehören die Verwaltungsgebühr für den Fonds und die Besteuerung von Dividendenzahlungen an den Fonds. Die Höhe des Tracking Errors hängt auch von der Art der Indexnachbildung und von möglichen Zeitverzögerungen ab, beispielsweise wenn der Index selbst seine Zusammensetzung ändert oder wenn der Indexfonds Ausschüttungen wie Dividenden reinvestiert. Daher liegt die Rendite eines ETF in der Regel etwas unter der Rendite des abgebildeten Index. Je geringer der Unterschied, desto besser ist das für die Anleger. Im Idealfall ist der Tracking Error gleich null.

Umkehrhypothek

Die Grundidee der Umkehrhypothek besagt, dass Verbraucher im Rentenalter durch den Verkauf ihrer (weitgehend) schuldenfreien Immobilie eine monatliche, lebenslang gezahlte Rente bekommen.

Die Umkehrhypothek, die in anderen Ländern wie den USA oder Großbritannien seit vielen Jahren üblich ist, ist seit kurzem auch in Deutschland im Gespräch. Die Grundidee der Umkehrhypothek besagt, dass Verbraucher im Rentenalter durch den Verkauf ihrer (weitgehend) schuldenfreien Immobilie schon zu Lebzeiten Geld bekommen. Dabei kann es sich grundsätzlich um eine Einmalzahlung, eine zeitlich befristete oder eine monatliche, lebenslang gezahlte Rente (Leibrente) handeln. Allerdings bleiben die Verbraucher bis zum Lebensende in ihrer Immobilie wohnen, ohne Miete zu zahlen. Stattdessen baut sich Monat für Monat ein Darlehen weiter auf, welches erst nach dem Tod durch den Verkauf der Immobilie getilgt wird. In anderen Varianten erfolgt die Eigentumsübertragung nicht nach dem Tod, sondern bei Vertragsschluss: Dann erhält man ein lebenslanges, kostenloses Wohnrecht.

Unternehmensanleihe

Durch eine solche Anleihe besorgen sich Unternehmen Geld in Form von Fremdkapital. Sie leihen sich also Geld und versprechen, dieses Geld nach einer bestimmten Zeit - beispielsweise nach zwei oder zehn Jahren - zurückzuzahlen und in der Zwischenzeit dem Gläubiger Zinsen zu zahlen.

Anleger, die eine solche Anleihe kaufen, gehen das sogenannte Emittentenrisiko ein. Sollte das Unternehmen insolvent gehen, ist das Kapital ganz oder zumindest teilweise verloren sein. Dafür erhalten Anleger im Regelfall eine höhere Rendite als bei sicheren Geldanlagen ohne Emittentenrisiko.

Verwahrart

Die Hausbank muss die Papiere aber nur dann im eigenen Haus aufbewahren, wenn der Kunde das verlangt.

Üblich ist, die Wertpapiere bei einer Wertpapiersammelbank (Zentralverwahrer) zu hinterlegen. Das nennt man Drittverwahrung. Hierzu ist die Bank berechtigt und braucht kein zusätzliches Einverständnis des Anlegers. Diese Sammelverwahrung (auch Girosammelverwahrung genannt) ist in der Praxis die Übliche.

Verlangt der Anleger jedoch, dass die Wertpapiere bei seiner Bank verwahrt werden, so muss die Bank diesem Wunsch nachkommen. Man nennt das Sonderverwahrung. Ein Recht auf die Herausgabe der Papiere haben Anleger aber nicht.

Wer Wertpapiere im Ausland kauft, wird nicht Eigentümer dieser Papiere. Eigentümer bleibt die dortige Bank, welche auch die Verwahrung übernimmt. Der Anleger bekommt jedoch eine Gutschrift in so genannter Wertpapierrechnung.

Anleger sollten sich vor einem Wertpapierkauf bei ihrer Bank informieren, welche Kosten für Erwerb und Verwahrung anfallen.

Verwaltungsgebühr

Diese Gebühr fällt für die Verwaltung von Investmentfonds an. Sie wird häufig auch Managementgebühr, Management Fee oder Verwaltungsvergütung genannt.

Die Gebühr wird als Prozentsatz des Fondsvermögens pro Jahr ausgewiesen und ist ein wesentlicher Einflussfaktor auf die Total Expense Ratio (TER). Die Fondsgesellschaft entnimmt die Verwaltungsgebühr direkt aus dem Fondsvermögen - Anleger sehen die Gebühr also nicht direkt auf Ihrem Depotauszug.

Die Höhe der Verwaltungsgebühr ist ein wesentlicher Unterschied zwischen aktiv verwalteten Investmentfonds und passiven börsengehandelten Indexfonds (ETF). Während die Verwaltungsgebühr für ETFs meist unter 0,5 Prozent pro Jahr liegt, können bei aktiv gemanagten Fonds zwischen 1,5 und 2 Prozent pro Jahr anfallen - oder sogar noch mehr.

Volle Replikation

Die volle Replikation ist ein Verfahren, das börsengehandelte Indexfonds (ETFs) nutzen, um einen Börsenindex nachzubilden.

"Volle Replikation" bedeutet, dass ein ETF tatsächlich alle Wertpapiere besitzt, die auch in dem Index enthalten sind, den der Fonds abbildet. Verfolgt ein voll replizierender ETF also die Wertentwicklung des DAX, dann enthält er zu jeder Zeit 30 Aktien. Der Anteil jeder einzelne Aktie am Fondsvermögen ist genauso groß wie die Gewichtung dieser Aktie im Index.

Problem dabei: Die Zusammensetzung von Indizes ändert sich in regelmäßigen Abständen. Aktien werden neu aufgenommen oder verlassen einen Index. Wenn das passiert, vollzieht der ETF die Bewegungen im Index nach - durch den Kauf oder Verkauf von Wertpapieren. Dies erfolgt unter Umständen mit einer kleinen zeitlichen Verzögerung. Die Zusammensetzung von Indizes ändert sich allerdings nicht allzu häufig. Die Zusammensetzung des deutschen Leitindex DAX etwa wird viermal jährlich überprüft.

Der größte Nachteil dieses Verfahrens zur Abbildung eines Index sind die Kosten - vor allem bei Indizes, die sehr viele verschiedene Aktien enthalten. So besteht der europäische Aktienindex DJ Stoxx 600 seinem Namen gemäß aus 600 Einzelaktien. Der MSCI World umfasst sogar mehr als 1.800 Werte. Zur Abbildung solcher Indizes müssen Fonds also relativ häufig Aktien kaufen und verkaufen - und Gebühren dafür bezahlen. Hinzu kommen mögliche Nachteile durch die Besteuerung von Dividenden oder die Verzögerung von Dividendenzahlungen an den Fonds, die den Index selbst nicht betreffen. All dies kann negative Auswirkungen auf die Wertentwicklung haben.

Ein anderes weit verbreitetes Verfahren zum Nachbau von Indizes ist die synthetische oder künstliche Replikation.

Währung

Eine Währung ist ein gesetzliches Zahlungsmittel, also staatlich anerkanntes Geld.

Seit dem 1. Januar 1999 ist der Euro die offizielle Währung in Deutschland - zunächst nur als Buchgeld, ab Januar 2002 auch in Form von Münzen und Scheinen. Der Euro gilt auch in vielen weiteren Ländern der Europäischen Union. Daneben gibt es auch Länder, die keine vollwertigen Mitglieder der Eurozone sind, aber trotzdem den Euro nutzen und zum Teil auch eigene Münzen prägen.

Der Euro gilt als eine der wichtigsten Währungen der Welt. Die bedeutendste Währung, die so genannte Leitwährung, ist der US-Dollar, die Währung der Vereinigten Staaten von Amerika.

Wie Aktien werden auch Währungen an Märkten gehandelt. Die heißen allerdings nicht Währungsmärkte, sondern Devisenmärkte. Die Preise, die an den Devisenmärkten für Währungen gezahlt werden, heißen Wechselkurse oder Devisenkurse.

Wertpapier

Wertpapier ist ein sehr weitgehender Begriff. Darunter fallen auch Schecks oder gar Briefmarken. Denn allgemein ist ein Wertpapier eine Urkunde, die ein bestimmtes Recht verbrieft. Dies kann zum Beispiel das Recht auf die Zahlung eines Geldbetrages bei der Vorlage eines Schecks sein.

Im Geldanlagebereich unterscheidet man vor allem zwischen Wertpapieren wie beispielsweise Aktien, die an der Börse gehandelt werden, und solchen, die nicht an der Börse gehandelt werden.

Neben in- und ausländischen Aktien werden auch verzinsliche Wertpapiere (Schuldverschreibungen) oder Investmentfonds am Kapitalmarkt gehandelt. Auch Zertifikate und andere Derivate (wie zum Beispiel Optionsscheine) sowie Genussscheine sind Wertpapier

Allgemein sind Wertpapiere, die zur Geldanlage genutzt werden können, Vermögenswerte von Unternehmen oder der öffentlichen Hand, die den Anlegern erlauben, Geld anzulegen. Für Unternehmen und die öffentliche Hand ist das eine Möglichkeit, sich Kapital zu verschaffen.

Wertpapiere unterliegen grundsätzlich bestimmten Risiken, die der Anleger bei der Wahl dieser Anlageform zu beachten hat. Hierzu gehören zum Beispiel das Kursrisiko und das Währungsrisiko, bei einigen Wertpapieren auch das Risiko eines Totalverlustes dieser Geldanlage.

Wertpapieridentifikationsnummer (ISIN)

Die ISIN (engl.: International Securities Identification Number) ist eine zwölfstellige Buchstaben-Zahlen-Kombination, die börsengehandelte Wertpapiere nach einer ISO-Norm eindeutig kennzeichnet.

Die ersten beiden Zeichen sind ein Länderkürzel, so steht zum Beispiel DE für Deutschland und LU für Luxemburg.

Die ISIN ist ein international gültiges Kennzeichen eines Wertpapiers. Die Nummern werden an Aktien, Fonds, Schuldverschreibungen, Optionen oder Futures vergeben. Es gibt also auch Wertpapiere ohne ISIN.

Neben der ISIN gibt es in Deutschland eine zusätzliche abweichende Kennzeichnung, die so genannte Wertpapierkennnummer (WKN). Diese wird jedoch von der ISIN nach und nach abgelöst. Auf Depotauszügen sowie beim Kauf von Wertpapieren ist immer mindestens eine von beiden Kennnummern angegeben. Diese können Sie jederzeit im Internet in Börsenportalen eingeben, um den aktuellen Kurs, die Kursentwicklung und andere Informationen zu Ihrem Wertpapier zu erhalten.

Wertpapierkennnummer (WKN)

Die Wertpapierkennnummer (WKN) ist, anders als die Wertpapieridentifikationsnummer (ISIN), eine nur in Deutschland verwendete eindeutige Kennzeichnung von Wertpapieren mittels einer sechsstelligen Buchstaben-Zahlen-Kombination.

Sie wird jedoch nicht nur für in Deutschland emittierte Wertpapiere vergeben, sondern auch für ausländische. Lediglich ihr Gültigkeitsraum ist auf Deutschland begrenzt. Die ISIN löst nach und nach die deutsche WKN ab. Die WKN ist in der ISIN enthalten.

Auf Depotauszügen sowie beim Kauf von Wertpapieren ist immer mindestens eine von beiden Kennnummern angegeben. Diese können Sie jederzeit im Internet in Börsenportalen eingeben, um den aktuellen Kurs, die Kursentwicklung und andere Informationen zu Ihrem Wertpapier zu erhalten.

Wirtschaftssystem

Das Wirtschaftssystem - manchmal auch die Wirtschaftsordnung genannt - bestimmt, nach welchen Grundsätzen und Regeln die Menschen einer Gesellschaft zusammenleben und wie Waren und Dienstleistungen erstellt und verteilt werden.

Die einzelnen Akteure des Wirtschaftssystems (Konsumenten, Unternehmen, Staat) handeln nach diesen Leitlinien mit dem Ziel, die knappen Mittel so einzusetzen, dass ein möglich hoher Bedarf befriedigt werden kann.

Die Art des Wirtschaftssystems bestimmt vor allem,

> wer wo arbeitet (Arbeitsteilung),
> wer was besitzt (Eigentum),
> wer was darf (Rechtsordnung),
> wer was entscheidet (zum Beispiel Preisbildung) und
> den Umfang des Handels mit anderen Volkswirtschaften.

Als wesentliche Formen für ein Wirtschaftssystem gibt es vor allem die Marktwirtschaft und die Zentralverwaltungswirtschaft. In einer Marktwirtschaft bestimmen Konsumenten und Unternehmer, welche Menge an welchen Orten zu welchen Preisen angeboten werden. Neben diesen dezentralen Entscheidungen durch Angebot und Nachfrage zeichnet sich eine Marktwirtschaft vor allem durch Privateigentum aus. In einer Zentralverwaltungswirtschaft wird alles zentral vom Staat bestimmt. Die Menge der produzierten Güter, die Preise, die Löhne und so weiter. Privateigentum existiert in einer reinen Zentralverwaltungswirtschaft nicht.

In der Realität finden sich diese beiden theoretischen Fälle so nicht wieder. Die einzelnen Volkswirtschaften orientieren sich je nach politischer Ausrichtung eher an der Marktwirtschaft oder eher an der Zentralverwaltungswirtschaft. Meistens finden sich aber, zumindest in Teilbereichen des Wirtschaftssystems, sowohl dezentrale Entscheidungen durch die einzelnen Akteure als auch staatliche Regelungen und Planungen. Daher existiert in der Realität oft eine Mischform - zum Beispiel die soziale Marktwirtschaft in der Bundesrepublik Deutschland.

Xetra

Xetra ist ein vollelektronisches Handelssystem der Deutschen Börse.

Sitz von Xetra ist Frankfurt am Main. Ein Großteil des Handels mit Wertpapieren findet inzwischen über das 1987 eröffnete Handelssystem Xetra statt. Wesentliche Vorteile gegenüber den Präsenzbörsen sind die geringen Transaktionskosten, hohe Transparenz und Standortunabhängigkeit. Über Xetra werden zum Beispiel Aktien, Zertifikate, Optionsscheine und ETFs gehandelt.

Zertifikat

Zertifikate sind Wertpapiere, mit denen Anleger an der Entwicklung eines anderen Wertpapieres, des so genannten Basiswertes, teilhaben.

Zertifikate zählen zu den derivativen Wertpapieren. Das lateinische Wort "derivatum" bedeutet "abgeleitet". Damit ist auch eine grundlegende Eigenschaft von Zertifikaten und anderen Derivaten genannt: Ihre Kursentwicklung leitet sich aus der Entwicklung anderer Wertpapiere ab - zum Beispiel aus den Kursen einzelner Aktien oder eines ganzen Aktienindex. Zertifikate sind also Wertpapiere, mit denen Anleger an der Entwicklung eines anderen Wertpapieres, des so genannten Basiswertes teilhaben. Diese Teilhabe an der Entwicklung des Basiswertes kann auf sehr unterschiedliche Weise geschehen - je nachdem, welchen Typ von Zertifikat ein Anleger kauft.

Rechtlich betrachtet sind Zertifikate Inhaberschuldverschreibungen. Wer ein Zertifikat kauft, leiht dem Herausgeber (dem Emittenten) Geld. Das birgt die Gefahr, dass der Anleger bei das gesamte eingesetzte Geld verlieren kann, wenn der Emittent zahlungsunfähig wird. Dies bekamen viele deutsche Anleger während der Finanzkrise im Herbst 2008 zu spüren, als die amerikanische Investmentbank Lehman Brothers zahlungsunfähig wurde. Daneben unterliegen Zertifikate auch anderen Kursrisiken, Liquiditätsrisiken und anderen Anlagerisiken.

Ein häufiger Kritikpunkt an Zertifikaten ist, dass für Anleger schwierig zu erkennen ist, welche Kosten beim Kauf eines solchen Wertpapieres anfallen. Oft ist auch nicht klar erkennbar, wie die Risiken einzuschätzen sind. Daher sind Zertifikate grundsätzlich eher etwas für professionelle und institutionelle Anleger, nicht aber für Privatanleger.

Zins

Der Zins ist das Entgelt für die Überlassung von Kapital. Das bedeutet, dass ein Anleger einen bestimmten Zins dafür erhält, dass er sein Geld für eine bestimmte Zeit verleiht.

Auf der anderen Seite zahlt man selbst einen bestimmten Preis dafür, dass man fremdes Geld zur Verfügung gestellt bekommt, man also einen Kredit aufnimmt.

Beachten sollten Sie, dass der Zinssatz einer Geldanlage nicht unbedingt dem tatsächlichen Gewinn entspricht, den Sie mit dieser Geldanlage erwirtschaften können. Von den Zinseinnahmen müssen noch Steuern abgezogen werden, sofern der Sparerfreibetrag schon ausgeschöpft ist. Außerdem muss man die Geldentwertung, also die Inflation, ebenfalls berücksichtigen.